久遠の思想と菩薩への道

『法華経』のはなし

佼成出版社

渡邊寶陽

Watanabe Hōyō

『法華経』のはなし——久遠の思想と菩薩への道　目次

1 「法華経」と春を待つ心……9
2 栴檀の芳しい香りが喜びの心を開かせる……15
3 平等の教えを開き示す……21
4 法華経の意義が開かれたポイント……27
5 ブッダの導きに生かされる……33
6 仏の知見に入らしめる……39
7 因縁と譬喩と言辞と……45
8 苦悩多き世に生きることは……50

9　ブッダ釈尊のほんとうの願いに出会うこと……56
10　迷子になった子どもと五十年ぶりに再会した父……62
11　小さな草にも心が宿っている……68
12　苦難の修行の道にもオアシスが……74
13　香風来たりて新しきものを雨《ふ》らす……80
14　遥かなる道を歩む……86
15　私たちは、果たして仏道を成就することが出来るのか?……92
16　阿難尊者と羅睺羅尊者の願い……98

17 柔和ですべてをゆるすブッダの衣につつまれて……104
18 多宝塔が空中にとどまりブッダが多宝如来に招かれ坐す……110
19 「悪人・女人」の成仏をあきらかにする教え……116
20 「女人成仏」の祈り……122
21 他土の勧進流通を誓う菩薩たち……128
22 逆境を堪え忍んで法華経を説く菩薩たちの誓い……134
23 世相が悪い時代に仏道を生きる四つの道……140
24 涌き出るように六万恒河沙の菩薩が出現する……146

25 ブッダが自ら久遠の寿命をあきらかにする……152
26 久遠のブッダの導きを信ずることこそ菩薩道のはじまり……158
27 一念の「信」よりも基本となる「随喜」の功徳を讃える……164
28 『法華経』を受持・読誦・解説・書写する功徳……170
29 『法華経』を身をもって読んだ常不軽菩薩の尊い生き方……176
30 末の世の「法華経」の救いを誓う地涌の菩薩の願い……182
31 すべての菩薩に入滅後の教えを託すブッダの願い……188
32 衆生の悩み・悦びを聞き届ける妙音菩薩と観世音菩薩……194

33 諸菩薩が持経の功徳を陀羅尼に託して説く……200
34 わが子に導かれる国王のおはなし……206
35 普賢菩薩が白象に乗って守護を説き明かす……212
36 『法華経』は、菩薩道に生きる教えを説く経典……218
あとがき……224

＊文中に掲げた「法華経和歌」は、島地大等編『漢和対照　妙法蓮華経』巻末の「法華歌集」を参考にした。

装丁／山本太郎

1 「法華経」と春を待つ心

わしの山ひとのこころの春まちて
御法《みのり》の花はひらけ初めけん
烏丸光広（黄葉和歌集）

『法華経』のおはなしをお届けすることになりました。

『法華経』は古代インドの霊鷲山《りょうじゅせん》という霊地で説かれたブッダの教えを記録したものと伝えられます。日本では春になると、心身が解放されるような喜びを感じるなど、数多くの人びとが『法華経』を讃える和歌を詠みました。ここに掲げたのは、江戸時代中期に後陽成帝に伝授を献上した歌人が詠んだ和歌ですが、その意味を問うと、

「人びとに信仰された『法華経』の教えは霊鷲山で説かれたというが、人びとが春を待つ心のようにその教えが説き明かされるのを待ちかねております。桜の花が開花するように、そのお説法が説き始められる、その時節は素晴らしい！」。

というほどの意味でしょうか。

『法華経』というお経の名については、読者の皆さまの多くがすでに耳にしておられると思います。

私たちの祖先は、いろいろな事象を擬音に託して心地よく受け取るのが上手であったようです。たとえば、深山で鳥の声を聞いて、その鳴き声を「ブッポウソウ　ブッポウソウ」と鳴いていると聞こえるというふうに感心しています。つまり、深山幽谷のなかでその鳥は「ブッダの教えにめざめなさい」という意味で、仏教の基本である「仏法僧」を大切に思いなさい！　と叫んでいるというふうに解釈したのでしょう。

「仏法僧」とは、「ブッダ」と「法」（教え）と、それを伝える「僧」とが、仏教を信奉する最も大切な三つの宝であることを教えようとするのです。それを「仏宝《ぶっぽう》」・「法宝《ほうぼう》」・「僧《そう》宝《ぼう》」の〝三宝《さんぽう》〟とよびます。

もともと古代インドでブッダ・シャカムニ（お釈迦さま）によって開かれた仏教の教えは、かなり高度な哲学的な要素を基盤としていました。ですから、「仏宝」・「法宝」・「僧宝」の〝三宝〟を大切にすることはきわめて当然のことでありました。

現在でも世界的な仏教徒の会議ではもちろんのこと、宗派を超えた集まりでは、「仏に帰依したてまつる」「法に帰依したてまつる」「僧に帰依したてまつる」という「三帰依《さんきえ》文《もん》」を共通の祈りの言葉としています。

さて、『法華経』についても、鶯は「ホーホケキョウ　ホーホケキョウ」と鳴いて、『法華経』を讃えているのだと理解した人が江戸時代に居たようです（筆者の頭の片隅に、そのような言い伝えがあったと紹介されていたことが記憶されております）。

そのくらい『法華経』は人びとの間に親しい存在であったということでしょう。

『法華経』は、くわしく言いますと、『妙法蓮華経』であります。

ブッダの教えが崇高なものであることを「妙法《みょうほう》」（素晴らしい教え）とよび、それは古代インドにおいて世界発祥の源とされた蓮の花に託されました。

つまり「蓮華《れんげ》」が花を咲かせるときには、すでに果実を宿しているように、この「妙法」の教えには、凡人の心のなかにすでにブッダの心を宿していることを説き明かすのだというほどの意味が、こめられているのです。

「経《きょう》」とは、「妙法」と「蓮華」が緊密に一体として説かれているということです。

蓮の花というと、今でも御先祖の法事を行なうときのお菓子の箱の上紙に、花の模様が印刷されていることなどを思い出される方も居られるでしょう。ところが、最近ではNHKのテレビ番組のオープニングなどに、なんの抵抗もなく蓮の花が大写しされるのを見て、感嘆したことがありました。

もともと、仏教が興ったインドは、炎暑の国なので、涼しい水辺は理想の場であり、水面に咲く蓮華は苦しい現実とは異なった理想の境地を象徴するものとして、愛好されたと考えられます。

仏典には白・赤・青の蓮華が登場します。

そのほか睡蓮《すいれん》の花などが愛好された光景を思い浮かべることができましょう。

そうしたことを背景にして、「不思議なとしか言いようのない素晴らしい教え」を思い浮かべさせるために、蓮華の美しさが強調されたのでしょう。

春の光景と涅槃会

あわれ知れ春のそなたを指《さ》す光
　わが身につらききさらぎの空
　　　藤原定家（拾遺愚草）

藤原定家は、いうまでもなく鎌倉時代初期の代表的歌人として知られています。藤原俊成の次男である彼は、父の『千載和歌集』の編纂を助力し、また『新古今和歌集』の撰集に尽力しました。

歌の意味に耳を傾けましょう。

「その見事な光景を思いなさい！

春の彼方に輝く姿！　それにしてもブッダがその昔、御入滅なされた二月十五日を思うことこそはわが身に辛《つら》いことです」。

遥か遠く、古代インドで涅槃《ねはん》に入られたブッダへの思慕と、そのお導きへの願いがせつせつと感じられています。

如月《きさらぎ》の満月は現在の暦では、桜の咲き匂う三月末から四月の初め。

西行法師《さいぎょうほうし》も同じ趣旨を詠じています。

願わくは花の下にて春死なん
　その如月《きさらぎ》の望月《もちづき》のころ
　　西行法師（続古今和歌集）

時空を遠く隔てるブッダの世界。けれども『法華経』こそ、いつどこでも私たちにブッダの救いと導きとをもたらせてくれる教えなのだ、という願いを込めて……。

2
梅檀の芳しい香りが喜びの心を開かせる

「文殊師利《もんじゅしり》よ！　導師《どうし》は何がゆえぞ
眉間百毫《みけんびゃくごう》の　大光普《だいこうあまね》く照らしたもう
曼荼羅《まんだら》　曼珠沙華《まんじゅしゃげ》をふらして
梅檀《せんだん》の香風《こうふう》　衆《しゅ》の心を悦可《えっか》す
この因縁を以て　地《じ》皆厳浄《みなごんじょう》なり」。

『法華経』は徹頭徹尾ドラマティックな光景が連続しております。漢文の『法華経』を現代の中国人の方にはすらすら読むことが出来るということです。というのは、至るところに譬喩《ひゆ》がちりばめられておりますので、その物語の部分を追っていけば、気楽に読むことができるようなのです。

確かにきらびやかで解りやすく、お説法がなされていることは事実です。けれども、解りやすい譬喩がどのような意味で説かれているか、ということを知らなければ、ほんとうの趣旨を理解することが困難になります。

それはさておいて、まず今回は、序品《じょほん》第一の有名な経文を挙げることにいたします。『法華経』は霊鷲山《りょうじゅせん》で説かれました。霊鷲山はインド全体から見ると東方にあたる、ビハール州のほぼ中央の位置にあります。この地は、昔のマガダ国の首府。今は旧王舎城《おうしゃじょう》とよばれる周囲を取り囲む小高い山の一つです。

その名のとおり、鷲《わし》が羽根をひろげているような姿を現しているところから、聖なる鷲の山《やま》という意味がこめられているわけで、ほかには〈鷲の峰〉〈鷲の山〉などともよばれます。

そこに集まった大勢の聴衆を相手に『法華経』が説かれたのです。経典の記載を計算すると、聴衆はほぼ二十二万五千人に及ぶということです。

ブッダの前に法を聴聞《ちょうもん》しようと集まっていたのは、まず十大弟子をはじめとするブッダの直弟子たち。それに従う多くの修行者。古くからこの地で修行を重ねてきた菩薩たち。その周囲を天（神々）や人間の姿でない天龍八部《てんりゅうはちぶ》（異形《いぎょう》の神々）などもおりました。つまり、法華経が説かれるためには、まずこの世界全体をそれぞれが代表するような方々が揃うことが重要なこととして認識されているのです。

素晴らしい説法の後で、ブッダが瞑想《めいそう》に入り、そこに天が讃える花々が降り注がれます。不思議な光景に修行者たちが喜びを現します。すると、ブッダの眉間《みけん》から不思議な光でさまざまな世界を照らし出すのです。

照らし出された六つの不思議な光景の意味について、人びとが疑問を起こしましたので、それを代表して弥勒菩薩《みろくぼさつ》が文殊師利菩薩《もんじゅしりぼさつ》に問い質《ただ》すのです。そのときの言葉が、今ここに掲げた経典の言葉なのです。

その趣旨をたどると次のような意味になります。

「文殊師利菩薩よ！　修行者をお導きくださるブッダはどうして、そのお顔の眉間の白い毛のかたまりから、宇宙の果てまで届かせようという大いなる光ですべての世界を明るく照らすのでしょうか？

マンダーラの花やマンジュシャゲの花が散り敷かれ、センダン（栴檀＝古代インド語のサンスクリットでは「チャンダカ」）という高貴な香りの香木《こうぼく》から放たれるかぐわしい香りの風が人びとの心に喜びをあたえます。

このような条件が整えられて、どこまでもどこまでも、大地のすべてが厳《おごそ》かに清められるのです」。

永遠の光に照らされて

こうして、さらにこの光に照らされて、あらゆる国土でブッダの祈りが求められる光景が、つぎつぎと照らし出されていきます。

すなわち不思議な光によって、知らない世界の迷いの姿が映しだされます。その世界にもお悟りを成就したブッダがおられて、法を説いておいでなのです。そして修行者が教えを聞いて道を求める姿、菩薩たちが修行する様子や、ブッダが入滅する光景が眼前に映し出されます。

『法華経』の教えに魅《み》せられ、その教えにしたがって修行を重ねるとともに、『法華経』の緻密な解釈を試みた名僧たちは、「此土《しど》の六瑞《ろくずい》」（六つの不思議な光景）を契機としてさらに展開されるこの不思議な六つの光景を、「他土《たど》の六瑞」（他の世界の六つの不思議な光景）と位置付けたのでした。

しかし待てよ！　と考え込む読者も居られることでしょう。ブッダは、すくなくとも今から二千五百年以上前に、インドで教えを説かれたことは確かだと、これは納得する。けれども、これから『法華経』を説きはじめようとする段階で、いきなりブッダの眉間の白毫《びゃくごう》（長くとがった白く細い毛の集合）から光が現れて、現実からは想像もできないブッダの時空を超えた教え導きの歴史が暗黙のうちに示されるとは、どういうことを意味するのだろうか？　と。

教えを伝えるには、さまざまな角度からのアプローチがあります。

現代の文明は、言葉はどこまでも透明で共通の世界を伝えることが可能である、という前提に立っているように思われます。たしかに言葉を通じてそれぞれの思慮を伝達することは人間文化を形成する重要な手段ではあるに違いない……。言語の可能性があってこそ、われわれの社会も文化も成り立っている。

そのことは疑いないことなのだけれども、しかし現実には人の心の深淵、深層は果てしないものがあって……。だから、言語を超えた有機的な心と心のつながりが要請されるのでしょう。この序品においても、まず、なによりも言語を絶したブッダの悠久の世界が示され、これから開示されるブッダの導きの教えの果てしなき可能性を根拠とする教えが説かれていくのです。

3　平等の教えを開き示す

『法華経』方便品《ほうべんぽん》第二のお説法の心を歌人はつぎのように詠じています。

入《い》りがたく悟《さと》りがたしと聞くかどを
　開けば花の御法《みのり》なりけり
皇太后宮大夫俊成（新後撰和歌集）

方便品の最初の光景は、仏弟子の代表である舎利弗《しゃりほつ》尊者が、「お釈迦さまは素晴らしいお悟りをさらに深められたご様子です。どうかその深い境地をお説きたまわりたく存じます」とお願いしたのでした。
ところがそのお答えは、「到達した境地はあまりにも深く、十分に聴聞する修行者の状態を察知してから説かないと、かえってそれら修行者を迷わせてしまうことになる。舎利弗よ！　せっかくの望みであるけれども、すぐさま説くわけにはいかない」というのですね。つまり現代語に訳すると次のような言葉をおっしゃられたのです。

「過去・現在・未来のあらゆるブッダの智慧は、はなはだ深く、計り知ることができない。ブッダの智慧に入る門はことに非常な困難がともなう。ブッダの直弟子である声聞《しょうもん》や、独りで道を求める縁覚《えんがく》でも知ることが出来ないでいるのだ」。

しかし、再三再四、熱心に舎利弗尊者はそのうちの一部なりともお説き下さいとお願いを申します。さすがにブッダもその態度に心打たれて、深い境地に入る入り口を示すことになります。そして、さらに具体的に、「それぞれの道を歩んでいる仏道修行者たちが、自分たちは一生懸命に励んではいるけれども、しかしブッダの境地に隣り合わせの菩薩道に入ることは困難なのだ！　と思い込んでいるのは大きな間違いである。君たちはいずれも皆、菩薩の道をすでに歩んでいるのだ！」というふうに宣言されるのです。

ここに掲げた和歌は、平安末期から鎌倉初期に幽玄体を理想とした歌人として著名な藤原俊成の作品で、勅撰集のひとつ『新後撰和歌集』に収載されています。「ブッダの智慧の門に入ることは困難であり、その境地のお悟りを得ることは困難であると聞いて、ただただ恐れおののくばかりであったが、いざその門が開かれれば、りっぱな蓮華のような妙法の真骨頂が説き表され、素晴らしい教えをわが身に受けることができたのだ」という意味をうたいあげているわけです。

難しいという意味を『法華経』は「難解難入《なんげなんにゅう》」とか「難信難解《なんしんなんげ》」などと表現しておりますが、この言葉はかなり衝撃度が高いらしく、「『法華経』を読み始めたら、すぐさま難解難入といわれてしまったので、その門に入ることを断念しました」という率直な告白を耳にして考えさせられたことがあります。

『法華経』の至るところに、難解である、受持することが困難であると説かれておりますが、このようなことが強調されるのは、しっかりと覚悟を決めて仏道の求道に立ち向かえという意味を示すものだと思います。

真実の姿

ともかく、心をしっかりと固めることをうながしたところで、ただ一言、ブッダが発せられたお言葉は、「諸法実相《しょほうじっそう》」というのでした。

「諸法実相」とは、直訳するならば「あらゆる存在のありのままの姿を、そのまま受け入れなさい」という意味であります。

この世界の真実を認識するにはどうしたらよいのか？　ということは、およそ精神文化のすべてにとっての命題でありましょう。

修行の方式はこうした方がよろしい、このことをまず基本にしなければならない、などと吟味しては工夫をかさね、さらにその上によりよき道を求めるというのが世の常であると言えましょう。漠然とした手法では、なっとくがいかないからです。

それに対して、この「諸法実相」の意味は深い境地から現実を認識する道筋を確かめ、束縛されないやわらかな心で、どこまでも菩薩道を一心に励めよ！　ということなのでしょう。

とはいえ、「あらゆる存在のありのままの姿を、そのまま受け入れなさい」と言われても、もう少しヒントを頂かなければ理解にいたる道を見出すことができません。

ブッダはその願いに答えるのです。「諸法実相」ということをあきらかにするには、あらゆる存在のありようを、十の方面から問わなければならないとします。

それを「十如是《じゅうにょぜ》」に示しますが、まず最初にわれわれの認識の基本となる三要素をあげます。

①「このような「相《そう》」（姿）」を持つ。

②「このような「性《しょう》」（性質）」を持つ。

③「このような「体《たい》」（本体）」を有する。

これを基本に置き、その上に

④「このような「力《りき》」（潜在する力）」と、

⑤「このような「作《さ》」（力の現実作用）」が具体的に現れることを示します。

次に①～⑤までが「因・縁・果・報」に結ばれ、はたらいていることを示します。

⑥「このような「因《いん》」（原因）」が起き、

⑦「このような「縁《えん》」（環境）」があり、

⑧「このような「果《か》」（結果）」が結ばれ、

⑨「このような「報《ほう》」（報い）」が現れ、

これら（①～⑨）の緊密な関係性について

⑩「本から末まで（①～⑨）が有機的に一体化して緊密に融合している」ことがあきらかにされるのです。

4　法華経の意義が開かれたポイント

是《ぜ》本末究竟等《ほんまつくきょうとう》にもはる暮れて
　こずゑのはなの根にかへりぬる
　　慈鎮《じちん》和尚（拾玉集）

慈鎮は、比叡山延暦寺の座主に四度就いた慈円《じえん》和尚のことで、慈鎮というのは諡《おくりな》（死後に徳を讃えて贈る称号）です。慈円は藤原忠通《ふじわらのただみち》の子で、兄は九条兼実《くじょうかねざね》という名門です。歌の意味は、

「方便品第二に説かれる十如是《じゅうにょぜ》の最後の如是は「本末究竟等《ほんまつくきょうとう》」で結ばれている。その経文を思うにつけて、春も終わろうとする今、梢《こずえ》に咲いていた花が実を結び、やがて新た

な根に帰っていく姿に、この世界の真実相のありようを思い描く」。

ということを詠んだものでしょう。

「十如是」については、二五～二六頁にもふれましたが、その原文を挙げてみましょう。「諸法実相《しょほうじっそう》」とは、いわゆる諸法の、

「如是相《にょぜそう》、如是性《にょぜしょう》、如是体《にょぜたい》、如是力《にょぜりき》、如是作《にょぜさ》、如是因《にょぜいん》、如是縁《にょぜえん》、如是果《にょぜか》、如是報《にょぜほう》、如是《にょぜ》本末究竟等《ほんまつくきょうとう》なり」。

その意味について、今一度くり返しましょう。私たちの心の動きは、「①このような姿（相《そう》）、②このような性質（性《しょう》）、③このような本体（体《たい》）を基本とし、そこに④潜在的な力（力《りき》）が内蔵され、⑤はたらき（作《さ》）が現れる。その上に、⑥直接原因（因《いん》）、⑦間接的要因（縁《えん》）、⑧直接結果（果《か》）、⑨間接的結果（報《ほう》）がはたらいている」。

最後にこれらすべての要素（①〜⑨）が、⑩緊密に一体としてはたらいていることを、「本末究竟《ほんまつくきょう》して等《ひと》しい」と結ばれている。集約すれば、以上のように理解できましょう。

朝夕の勤行《ごんぎょう》で読誦《どくじゅ》する方も多いですから、このお経文を目にし、耳にした方も少なくはないでしょう。

かなり前のことですが、私が勤務していた立正大学で行なわれたあるシンポジウムが終ったあと、ミッション系大学出身者の女性コーディネーターの方が「に〜じ〜せ〜そん、じゅうさんまい、あんじょうに〜き〜、ごうしゃ〜り〜ほつ、しょ〜ぶっち〜え〜、じんじん〜むりょう……」と、私に聞こえるように低唱したのを聞いて、おどろいたことがあります。彼女は、幼いとき、祖母と一緒に読経する導きを受けた幼い日のことを、『法華経』に縁のある大学を訪れて思い起こしたとのことでした。

天台大師の瞑想修行法

私たちには難解な経文ですが、六世紀に中国の天台山で瞑想の修行を重ねた智顗《ちぎ》法師はその徳行を讃えられ、隋《ずい》の王朝を築いた煬帝《ようだい》から天台智者大師《てんだいちしゃだいし》の号を贈られたのでした。

その天台大師（五三九〜五九七）は『法華経』に出会って、『法華経』を中心に置いた仏教体系を築きます。その根幹をなすものが、この「十如是」の経文にありました。

いうまでもなく仏教の修行は、その宗教的瞑想を中心にしてきました。「三昧《さんまい》」とよばれ、「禅定《ぜんじょう》」の世界が求められて来た軌跡を知ることができます。「止観《しかん》」もその一つです。「止《し》」とは心を集中して一点に止めること。「観《かん》」とはその心を観察し、向上させていくこと。簡単に過ぎるかもしれませんが、おおよその感じをつかめるでしょうか。

その「止観」の世界を究めるためには、経典に示される教説を組織的に究明し、同時にその境地を求めて瞑想の道を究め「教《きょう》」（教義研鑽）と「観」（瞑想の究明）を同時的に高めていかなければならないと考えたのです。そのような両面からの仏教究明に身を投じて「止観」を究めようと志しました。そしてついに『法華経』を中心にした『摩訶止観《まかしかん》』を完成したのです。「摩訶《まか》」は摩訶不思議《まかふしぎ》という言葉から知られるように、「最高の」「偉大なる」という意味です。つまり天台大師の生涯の願いは、「最高の仏教瞑想の修行法」を究めることにありました。天台大師が講義した内容が、いつも随侍した章安大師灌頂《しょうあんだいしかんじょう》（五六一〜六三二）が筆録して今日に伝えられているのが『摩訶止観』十巻であります。

そのいちばんの基《もとい》となったのが『法華経』方便品に説かれた「十如是」の経文との出会いにあったのです。当時、仏教は大いに隆盛をきわめており、仏教の深い境地を探るために多くの経典を研究し、それぞれの解釈を究めようとする立派な僧が大勢競っている情況でした。ですから『法華経』の理解も諸経との関連性が大切になります。天台大師はそのような情況下において、『華厳経《けごんきょう》』が説く「十界《じっかい》」の説を基礎に取り入れ、また、『大智度《だいちど》論《ろん》』の説く「三世間《さんせけん》」の説を組みこみました。

そして、ブッダの法界《ほっかい》から地獄の法界までが修行者の心に縦横無尽にはたらいていることを重視して、それを「十界互具《じっかいごぐ》」とよび、修行者の心には、この世を成り立たせる意識無き法界までが含まれると説く「三世間」をも取り入れ、その上に「十如是」がはたらいているのが、修行者の一瞬をよぎる心に去来する法界であることを解き明かしました。

こうした考察をもとに、天台大師は修行者の一瞬の心に三千の法界を具《そな》えていることを「一念三千《いちねんさんぜん》」として解き明かしました。

難しい言葉ですが、要するに修行者の一瞬をよぎる心には、世界のあらゆる要素が取り込まれており、それらを読み解けば、私たちの一瞬一瞬の移ろい行く心に、確かにブッダの導きがあること。さらに言えば、実は私たちの存在そのものがブッダの光につつまれているということがあきらかにされているのです。

織田信長に焼き打ちされた比叡山にも、このことを今日に伝える理論書が数多くあり、『法華経』に縁の深い諸寺にも伝えられているのです。

「十如是」を和歌に詠んだ多くの僧や歌人の姿の背後に、深い『法華経』信仰に縁を結んだ人生が思い描かれるのです。

5　ブッダの導きに生かされる

人ごとに仏《ほとけ》になると説《と》く法《のり》を
　悟りなき身は聞くぞうれしき
　　源義家朝臣（萬代和歌集）

「一人一人がブッダの大いなる慈悲の教えを頂いて、〝悟り〟とは縁遠いわが身にその教えをお聞きすることの、なんと嬉しいことでしょうか」。

前回に耳慣れない「一念三千」という教義用語を紹介しました。でも、皆さんも、この言葉をすでに耳にしているのですね。

♪京都大原・三千院〜　という永六輔作詞「女ひとり」の歌詞は、京都の北に位置する天台宗・三千院を取り上げています。

実はこの三千院というのは「一念三千」の「三千」なのです。「一念三千」という教義は『法華経』にとって重要な法門なのです。

そして、その教えの肝要な点はなにかといえば、「誰でもがブッダの光に照らされて、そのお悟りの導きを受けることが出来、仏となることが出来る」ということが説かれていることなのですね。

現代は知識全能の時代です。智慧《ちえ》というと全人格的な、綜合性《そうごうせい》が連想されますが、「もはやそんな時代は終わったのですよ！」といわんばかりです。どんなに人格がすぐれていても、コンピュータを駆使できなければ職場を失う光景を見てきました。確かに技術を身に付け、時代の進化に対応する自己開発をすることが、現実の実相《じっそう》（真実の姿）を示していると言えましょう。

その反面、自ら命を断つ方々の報道に示されるように、人が生きていくことは恐ろしいくらいに人間の深層を基盤としていて、とても微妙なものがあります。

自ら生きる意味を確かめることが必要不可欠なのです。

「方便《ほうべん》」という導きの力

若いときに、信心深い老人から「〝人を見て法を説け〟とお釈迦さまもお示しであることを知っているでしょう。いくら正しいことであっても、相手にわかるように語るように心がけなさい！」と、親切な言葉をかけられたものです。この「相手にわかるように、はなしをする」ということは実にむずかしいもの。筆者は後輩諸君に、「電気の恩恵を受けるには、すくなくとも幾つかのソケット（通電のための端末器具）が必要だと思うんだ。人と接するときにも、一本調子でなく、幾つかのソケットのなかから、どれか適切なものを選んで活用してはどうだろうか？」などと、言ってきました。

「応病与薬《おうびょうよやく》」という四字熟語があります。

「医師は、病気に対応して、治療に適切な薬を用意しなければならない。それと同様に、何事であれ、事態に適切に対処することをよくよく考慮しなければならない」というほどの意味でしょうか。

「われ智慧力《ちえりき》をもって　衆生の性欲《しょうよく》を知りて　方便して諸法《しょほう》を説《と》きて　皆歓喜《かんぎ》することを得《え》せしむ
舎利弗《しゃりほつ》　まさに知るべし　われ仏眼《ぶつげん》をもって観《かん》じて　六道《ろくどう》の衆生《しゅじょう》を見るに　貧窮《びんぐ》にして福慧《ふくえ》なし　生死《しょうじ》の険道《けんどう》に入りて　相続《そうぞく》して苦《く》絶《た》えず」。

この意味は、次のようなことでしょう。

「われブッダは智慧の力によって、衆生がどのような性質と願望をもっているかを知った上で、方便をもちいてさまざまな角度から教え導いて、すべての衆生をして歓喜（よろこび）に誘《いざな》ったのである。

わが弟子舎利弗よ！　まさに知るがよい。われはブッダの眼による観察によって、六道《ろくどう》の輪廻《りんね》から抜け出すことができないでいる衆生を見ると、（彼らは皆）大切な心を喪失してしまって真実の幸福をめざす智慧を確かめられないでいる。そうして真実に目覚めて生きることや死の恐怖を克服《こくふく》していく道を見失って、連続して断ち切ることのできない苦しみから脱却できないでいるのだ！」。

ブッダは「方便」を駆使《くし》なさいました。ブッダは、「人びとの苦しみを抜く」ことをいちばんの課題となさいました。「人びとをして、苦しみの世界から抜け出させる」ということですね。

身のうちにほとけの種《たね》はありけるを
　はかなく外に求めける哉《かな》
　　民部卿斉信（萬代和歌集）

「自己の身のなかにブッダの導きの種が内蔵されているのに、（凡夫の悲しさで）儚《はかな》くもどこか遠くにブッダの導きが示されていると思い込んで、そのために深い迷いから抜け出すことができないでいるのだ！」。

苦しい生活の連続のなかで、いつも心に描いていた夢をさまざまなかたちで実現する方がいます。もうダメだ！　とあきらめたら、夢を実現することはできません。苦難に耐えて、思い通りにならない事態を乗り越えてこそ、新たな人生が展望されます。

仏道修行になぜ身を投ずるのか？　人は理詰めだけで行動しているわけではありませんが、自分を確かめることを基本としているのでしょう。ところが、いったん修行のリズムのなかに没入してしまうと、行為自体が目的化して、肝心な原点から離れる恐れもあります。そのときに、求道の原点を確かめ、そこに誘導された具体的な導きの意義を確かめることでいろいろなことが見えてきます。

つまり方便の意義を知って現実感覚に立ってこそ、真実への道を確かめる道筋にめざめることになることがあきらかになると言えましょう。

6
仏《ほとけ》の知見《ちけん》に入らしめる

『法華経』が説くところは、すべての衆生がすべて平等にブッダからブッダのめざめを授かっているということなのです。よく言われる言葉は「悉有仏生《しつうぶっしょう》」ということで、すべての衆生はブッダのお悟りを聞く素因を有しているということなのです。ですが、『法華経』ではさらにきびしく、すべての衆生はブッダから仏の種を下されている（下種《げしゅ》されている）ことが強調されております。これまで、いささか難解な言葉で仏教哲学の片鱗を紹介してまいりましたのは、その基本的なものの見方をお伝えしたかったからです。

われわれが仏典に思いをめぐらせますと、やわらかな言葉で、やさしく静寂なブッダの浄土へ導かれるというイメージが浮かんできますが、最終的に雅《みやび》なブッダの浄土に導かれる前に、実は自己への問いかけをうながされ、また苦しみに満ちあふれている現実の世界を厳しく解析することが求められているという背景がそこにあるのです。

さて、『法華経』のお説法の場面がはじめられると、すぐに五千人の修行者たちがその場を去るという衝撃的な場面に遭遇します。天台座主を務めた慈円《じえん》和尚（二七頁参照）がつぎのようにそのことを詠じております。

上慢《じょうまん》のかぎりなりけりわしの山
いづちの人の座を立ちしこと
慈鎮和尚（拾玉集）

ブッダが、仏弟子たちの懇請を受け入れて法華経の奥義《おうぎ》を説こうとおっしゃられたとき、その座でお説法を拝聴していた多くの修行者のなかの五千の者が、「ブッダはこれまで説いてきたことを否定して、新たなるお説法をさらに重ねるのですか?」「とてもそのようなお説法を聞く気にはなりません」と、その場を立ち去ってしまったのでした。その趣旨を、慈鎮和尚が和歌に詠んだのが、ここに掲げた和歌です。その趣意は次のような内容であります。

「心のおごり（増上の慢心）のかぎりぞよ！　法華経が説法される霊鷲山の座から立ち去った五千の修行者とは、どのような心根をもった人びとなのであろうか？」。

人生は一筋縄ではいきません。師匠が期待をかけて精魂を傾けて鍛えた弟子が、あっという間にサヨナラをするなどということは、よくあることのようですし、逆に思いがけない形で弟子が師匠の心を受け継いでくれるケースもあります。のちに出てくる周利槃特《しゅりはんどく》という仏弟子は、なにも覚えられずに皆に馬鹿にされ続けたそうです。兄の摩訶槃特《まかはんどく》が優秀だと誉《ほ》め称《たた》えられるのと、全く対照的だったそうです。しかし周利槃特は、ブッダの導きによって、ホウキ（箒）でひたすら掃除をつづけたことでお悟りを得たと伝られています。

さて、この和歌の通り、法華経説法の座から五千人が立ち去りました。彼らは罪の根が深く、すでにお悟りを得たと慢心してしまっていたのです。

その様子を見て、ブッダは語ります。

「ここにお説法を聴聞《ちょうもん》している修行者のなかには枝葉のような者は居ない。もっぱら心が正しい修行者だけがここに居るのだ！」。

舎利弗尊者は、「仰せの通りの情景を見ました。世尊、なにとぞ真実の仏法をお示しください」とブッダに懇願申し上げるのです。こうしたことがあった後に、ブッダは語りはじめられたのです。


「この妙法は、もろもろのブッダが、今時宣を得て、お説きになる内容なのである。この素晴らしい仏法に出会うことができるのは、三千年に一度咲くウドゥンバラ（優曇《うどん》華《げ》）の花を目にするようなものなのだ！」。

「われブッダ＝釈迦牟尼は、無数の方便《ほうべん》、種種の因縁《いんねん》、譬喩《ひゆ》の言辞を駆使して、諸法を演説してきた。この法は、凡人が思量し分別《ふんべつ》して理解できることではない。ただ、ブッダとブッダの間でのみ領解《りょうげ》（理解）できるところなのである。すなわち、もろもろのブッダはただこの〈一大事《いちだいじ》の因縁《いんねん》〉を説き現すためにこの世に出現されたのだ！」。

「一大事の因縁」とは、無限の過去から無限の未来にむけて、ブッダが衆生にはたらきかける意義は、唯一つ、真実の仏道に目覚めさせることにあるという問いかけなのです。

菩薩の道を思い起こさせる

これにつづいて、次のように「一大事の因縁」ということの意義が示されます。

「もろもろのブッダは、衆生をして仏の知見《ちけん》に目覚めさせ、清らかな境地に気付かせるために、この世に出現なされたのである。

衆生に仏の知見を示すために、この世に出現なさったのである。

衆生をして仏の知見を悟らせようと願ってこの世に出現なさったのである。

衆生をして仏の知見を体得する道に入らせようと願ってこの世に出現されたのである。

舎利弗よ！　諸《もろもろ》のブッダは衆生に〈ただ一大事の因縁〉をあきらかにするために、この世に出現なさったのだ」。

仏道とは「悟りに至る道」「仏の説かれた実践の仕方」として理解されます。「仏道を達成する」には、一足飛びに完成された世界に同化することではありません。

『法華経』は、現実的に、仏道に至る門を「ブッダが開かれている」「ブッダの知見が示されている」「ブッダの知見を悟らせようと願っている」「ブッダの知見を体得する道に入らせようとしている」ことをあきらかにしております。ブッダの示す道の門を開き、ブッダの知見を示し、悟らしめ、入らしめようとするブッダの導きが用意されているのです。

7 因縁と譬喩《ひゆ》と言辞《げんじ》と

第一話からはじめて、第六話まで『法華経』の基本に沿って紹介する趣旨で書き連ねてまいりました。もしかすると、読者の皆さまには少々退屈されたかと案じます。『法華経』前半の基本は、これまで申してきた方便品第二の「諸法実相《しょほうじっそう》」「十如是《じゅうにょぜ》」、その経文の上に展開された「一念三千《いちねんさんぜん》」の哲学ということになりましょう。

そして、このことはくりかえしくりかえし表現を変えて説かれていきます。

とは言え、『法華経』が『法華経』たるゆえんは、難解な哲理やブッダの深遠な世界を、やさしい言葉で、いつでも誰にでも伝えるということにあります。

それが、「因縁・譬喩・言辞」という三つの要素が緊密にからみあいながら、『法華経』のお説法が展開されるということにつらなっていることなのです。

それについて付け加えますと、このようにくくられる経文があると同時に、実はこの三つが具体的に『法華経』が説かれていくそれぞれの段階を示すものでもあるのです。

ある中国人の女性から、「法華経は譬喩がつぎつぎと紹介されて、とても親しみやすく、またわかりやすいお経ですね！」という感想を聞かされたことがあります。私たちは漢文というとむずかしいとおもいこんでいます。しかし、中国語の発音で読めばごく普通の言葉で綴られている内容であるということになるのでしょう。

実は日本人にもそういう見方をした方がおります。詩人・歌人で、旧制の東京府立第一中学校（現在の日比谷高校）の教師であった江南文三という方が、『法華経』に敬服する反面、せっかくやさしい『法華経』をむずかしい哲理でがんじがらめにしてしまっていると感じられたのでしょうか。『日本語の法華経』を上梓して洛陽《らくよう》の紙価《しか》を高めました。同書は大蔵出版から覆刊されています。

江南先生から教えを受けた生徒は、その高潔な人格に心打たれたと聞いております。そうした多くの方々によって『法華経』は賛仰され、人生の導きとなっていったのですね。

十年ほど前、当時経済界で世間の耳目を集めている方と触れ合う機会がありました。エレベーターに近づいたとき、その方の口から、「に〜じ〜せ〜そん。じゅ〜さんまい。あんじょうに〜き〜、ごうしゃ〜り〜ほつ」と低音で口ずさまれる声が漏れてきました。私がおどろいた表情をしたのでしょう。その方は、「子どもの頃、おばあさんと一緒に御宝前で読経したことがあるのですよ！」と、おっしゃいました。

そうした方々は、やさしい『法華経』の言葉の奥底に横たわる仏教の哲理を、素直に受け取ることのできる素質を持っておられるのだと思います。

そして、さらにその道を深めていくと、ただやさしいと思い込んでいる言葉の背後にあるものを汲み取るための、必死の修行の世界に引き込まれていくことになるのです。

平易な言葉の底に流れる「菩薩道」を示す語りかけ

夜もすがらひめもすになす法の道
みなこの経の声とこころと
道元禅師（傘松道詠）

「夜には夜で、昼には昼で、休むことなく求め続けるのが〝仏法を求めつづける修行の道〟である。それはすべて皆、この『法華経』の声を聴聞《ちょうもん》し、その御心《みこころ》に耳を傾けることなのである」。

「昼夜《ちゅうや》常精進《じょうしょうじん》」という経文の句が人びとの心に響くようです。

人は誰もが己れの行動の軌跡に満足できないでいます。いつも向上したいという思いがその人その人の心の底にはたらいています。それぞれの仕事は「なりわい」（生業）の為であるともいえますが、自分が生きていくために働くなかで、「さらに向上したい！」という心がはたらきつづけているのです。

昔なら木の桶を作る職人が、毎日毎日同じ仕事をつづけます。ある意味では退屈な仕事になりかねません。けれども、毎日やっているうちに自分の手が、自分の手でありながらもはや鉋《かんな》などの道具と一体になって、手先が精密な仕事をうながしていく状態になるそうですね。こうしたことは現代の精密機械の世界にも継承されているとのことで、秤《はかり》をつくる精密機械の世界では、もはや機械によって目盛りを印《しる》すことができなくて、熟練工が手先（の感覚）で印をつけると聞いています。

そうした事例は、私たちの周辺にもなにげなく存在しているようです。新幹線の先端部分は、成形によって造ることはせず、熟練工の手によって、まさに手づくりされることが報道されていました。

人間文化をつくりあげているのは、そうした向上心を失わずに一心にその道を求め続けている方々の力の集積であるのでしょう。

仏道の修行者を「法師《ほっし》」とよびます。法師は、社会生活上の便利さを求めることを断念し、それらを「世俗の些事」として拒否したのですね。無謀に見える出家《しゅっけ》という行為は、「世俗の些事」を遠ざけて、ひたすら「真理に目覚める」仏法究明の道を選ぶことです。

ブッダはその道筋をあきらかになさり、衆生をして「菩薩道」にめざめさせる願いを〈一大事の因縁〉としてあきらかにしました。そうして、その根幹に上述の「一念三千の哲理」があることを確かめられました。さらにそれを私たちの生活心情に即して「法説周」「譬喩説」「因縁周」が示されるのです。

8 苦悩多き世に生きることは

もゆる火の家を出でてぞ悟りぬる
三つの車は一つなりけり
赤染衛門《あかぞめえもん》（赤染衛門集）

「大火災が起きた大邸宅から誘導されて門から出てみると、羊や鹿や牛に牽引《けんいん》された車があると言われたのに、実際には、思いもかけない「大きな立派な白牛」に牽《ひ》かれた車がただ一つ、みられるだけであった」。

『法華経』には、法華《ほっけ》七喩《しちゆ》とよばれるように、著名な七つの譬喩《ひゆ》が語られます。現代のお説教でもそうですが、むずかしい仏教の教えを事細かに繰り返されたのでは、聞く方はまいってしまいます。そこで、いろいろな譬喩を通して、教えの趣旨に近づく道案内が試みられます。

実はそうした説教の心得は『法華経』の法華七喩をはじめとする譬喩や、それを要《かなめ》とする構造的理解のすすめに倣《なら》って行なわれている手段なのです。名僧と讃《たた》えられ、名説教を謳《うた》われた説教者は、このへんの呼吸をよくよく心得ていたのでしょう。現在でも「わかりやすい話」をする方、「なるほど、なるほど」と納得させられてしまう、魅力ある話をする先生方も同様です。

檀一雄さんの『火宅の人』という小説があります。この「火宅」というのは『法華経』七喩の第一、「三車火宅《さんしゃかたく》の譬え」という用語から連想されたものでありましょう。あるいは作者はいつのまにか自分の辞書に入っていた言葉を使っただけであるかも知れませんが、じつはそのもとは『法華経』譬喩品《ひゆほん》第三の「三車火宅の譬え」に語られている言葉なのです。

人びとの行き来する大路が交差するところに大邸宅がありました。仕事に従事する人も多くを数え、また主人の子供たちが大勢居りました。盛大に家業を営んでいる、その様子が目に浮かんでくるような光景です。今日、私たちが知識を得ているように、シルクロードを通じて東西を結ぶ貿易が行なわれていた盛んな経済活動がその背後にあるに違いありません。

しかし、栄枯盛衰《えいこせいすい》は世の習いで、さすがの大邸宅も古びてしまい、壁が崩れ落ちているところも見られ、内部を結ぶ通路も迷路のようになってしまっておりました。昨今の日本は、便利すぎてテロリストにとって都合のよいような通路をふさいだり、ドアを閉じたりしておりますが、おそらくそれと同様に、外部からの襲撃を恐れて、門はたった一つしかないという状態でした。

そうした状態のところに、突然、火の手があがります。火災が起きたのです。

大白牛車《だいびゃくごしゃ》が待っていた

大邸宅の主人である長者《ちょうじゃ》（富豪）は、驚いて、すぐさま大事な子どもたちを救い出さねばならないと思います。こうしたときには一瞬の判断が大切です。さすがに百戦錬磨の主人公ですから、「子どもたちよ！　すぐに表へ出てご覧！　羊や鹿や牛に牽《ひ》かれた立派な車がたくさん来ているよ！」と叫んだのでした。子どもたちは、大好きないろいろな車があるというので、門からつぎつぎと外へ出ていきました。

その子どもたちの前に待っていたのは、大きな白い牛が牽引する車でした。子どもたちは、「あっ！」と息を呑んだことでしょう。

現在でも、インド、中国、シルクロードなどの風景に、羊や牛に牽かれた車が映し出されます。自然とともに生きる人びとにとって、これらの運送手段は連綿として今日に伝えられているようです。

ともかく、ここに述べられる「大白牛車」は、特別の意味を持つ、高貴な車両でした。さしずめ、すこし前のアメリカやイギリスなどから輸入された高級車というような感じだったのでしょう。子どもたちは、大富豪の父に誘導されて大火災から逃れることができました。同時に、子どもたちの心を動かした「さまざまな車」というのではなく、このような素晴らしい車が用意されていたのでした。

中国や日本では、大乗《だいじょう》仏教を讃えていました。「大乗」というのは直訳すると「大きな乗り物」。つまり「教え」を「乗り物」に譬えているのです。羊車《ようしゃ》・鹿車《ろくしゃ》・牛車《ぎっしゃ》という動物のイメージを通じて「教え」の内容を暗示しようというところに、今の譬喩が示される意味があるといえましょう。

教えを求め、修行を進めていくと、それが妥当な道筋なのかどうか思い惑《まど》うようです。一般の社会生活でも、進んでいけば行くほど、自分のやっていることがそれでいいのかどうか、ということに思い迷うことがあると聞きます。遠くから見ていると、奇麗に見える山林も、そこに近付くと木々の激しいぶつかり合いがあったり、美しい新しい葉が成長していると同時に、古葉が落ち、樹皮が生まれ変わっていく厳しさに直面するのです。

それと同じように仏教の修行をきわめていくと、きびしい「教え」への問いに迫られてくるのです。

高度な修行の世界に入ると、そこにとどまることを警告する導きが行なわれます。ブッダの教えに耳を傾けることで安心することにとどまる〈声聞乗《しょうもんじょう》〉にとどまってはならないとする警告や、独り山中で自分なりの世界に安住する〈縁覚乗《えんがくじょう》〉の自己満足から脱却せよという警告を乗り越えねばならないことが、説かれています。

『法華経』はそれをふまえて〈一仏乗《いちぶつじょう》〉を標傍し、そこに進んでいく門を開いて三乗《さんじょう》から一乗《いちじょう》への教えをひたすら進む道を掲げています。今の「三車火宅」と「大白牛車」の譬喩が説かれるゆえんはそこにあります。

9 ブッダ釈尊のほんとうの願いに出会うこと

たのめ猶《なお》ただわれひとり救ふべき
　をしへたへなる法《のり》の心を
　　元政上人《げんせいしょうにん》（草山《そうざん》和歌集）

「一心に悩みから救い出される道が示されることを願って、心を集中しなさい。われブッダ釈迦牟尼仏が、その道を指し示している「妙法の心」が『法華経』において凝縮されているのですよ」。

前回述べたように「三車火宅の譬え」があきらかにされますが、その譬喩《ひゆ》の指し示すところがつぎのようにあきらかにされます。

「今私たちの生きている迷いの三つの世界。つまり、欲望にしばられている欲界《よくかい》。環境に支配されている色界《しきかい》。それらから脱却しながら、なお、心のはたらきの〝とらわれ〟から脱却できないでいる無色界《むしきかい》。

そうした迷いの三界《さんがい》の世界は、すべて皆、われブッダの世界なのだ。

そして、そのなかのすべての衆生は、われブッダの子どもなのであり、しかも、衆生の居る世界はもろもろの艱難辛苦《かんなんしんく》が多いところ。

ただわれブッダのみが、迷いから衆生を救い、護るのである。

そのように教え導いているにも拘らず衆生はそれを信じて受けることがなく、さまざまな欲望に汚染されて、貪《むさぼ》りの心に深くとらわれてしまっているのである……」。

こうして、ブッダは迷いの世界から逃れられないでいる衆生を、わが子として慈愛の眼差《まなざ》しで見つめながら、救い出そうとして懸命に導きを展開されます。『法華経』は、そのような様子を描いているのです。

「迷いから逃れ出る」「迷いを克服する」ということは、決して容易なことではありません。この主題は、あらゆる文学・芸術・思想・宗教の場面で問われている大きなテーマです。たとえ言葉や表現が異なっても、人間的なあまりに人間的な欲望に身を焼かれ、身を滅ぼしてはならないという警告が、絶えず行なわれているといってよいのでしょう。

しかし、いくら消去法によって苦しみの根源である迷いを消そうとしても、無くなることがないという悲しい現実がわれわれを待っているといったら、言い過ぎでしょうか。そこに発想の転換が要求されます。

「菩薩道」に生きること

ブッダは、人間がさまざまな環境に囲まれていることを重視し、それらの要素による関係性に注目しました。関係性を仏教では因縁《いんねん》とよびます。関係性が悪く作用すれば、苦しい境地に追い込まれます。それらの関係性を「十二因縁《じゅうにいんねん》」としてあきらかにし、苦に追い込まれることからの解放をめざして、閉ざされた関係性を払拭《ふっしょく》する道を示されたのです。すなわちブッダは、苦の根源は無知にあることをあきらかにしました。その無知から、われわれ人間が生きていく環境のなかでつぎつぎと苦しみの現象となって現れるというのです。

無知↓潜在的形成力↓識別作用↓名称と形態↓眼・耳・鼻・舌・身・意の六感↓接触↓感受作用↓妄執↓執着↓生存↓生まれること↓老い死に行くこと。これを仏教の術語では、無明《むみょう》・行《ぎょう》・識《しき》・名色《みょうしき》・六処《ろくしょ》・触《そく》・受《じゅ》・愛《あい》・取《しゅ》・有《う》・生《しょう》・老死《ろうし》と言います。

したがって、そのもととなる無明（無知）を断ち切ることが重要になるのです。言葉を変えて言えば、光の見えない状態から、光を見出して、希望をもって生きることの発見こそ大切ということになるでしょうか。

仏教の根源には、そのような人間生存の根源的な究明が横たわっております。しかし、ひたすらそのことにこだわることによって、逆にそこからの脱却が困難になるという状況につながるということがあるのでしょうか。

そこに逆転の発想が必要とされたのです。ひたすら内面的究明を図ることから、その教えを実践していくところに活路が見出されたのです。それが菩薩道《ぼさつどう》ということであり、布施《ふせ》・持戒《じかい》・忍辱《にんにく》・精進《しょうじん》・禅定《ぜんじょう》・智慧《ちえ》を踏み行なう道が示されたのです。

「われ　先に　汝等滅度《めつど》すと説くといえども
ただ生死《しょうじ》を尽《つ》くして　しかも滅度せず」。

ずいぶん難しい経典の言葉ですが、いくら煩悩を断ち切り、迷いから逃れようとしても、そこから脱却したように見えて、生死を超えることには至らない。そのような矛盾を乗り越える道が求められるとして、次のような言葉が示されます。

「今まさになすべきところは　唯　仏《ほとけ》の智慧なり
もし菩薩あらば　この衆のなかにおいて
よく一心に　諸仏《しょぶつ》の実法《じっぽう》を説け
諸仏世尊《しょぶつせそん》は　方便《ほうべん》をもってしたまうといえども所化《しょけ》の衆生は　皆これ菩薩なり」。

「今まさになすべき所は、仏の智慧……」という経文の意味を解きほぐすと、「修行者のレベルで煩悩を滅除しようとしても、それを拭い去ることはできない」というほどの趣旨と理解することができましょうか。

ブッダの存在はあまりに遠く思われます。だが、そのブッダの智慧こそが仏道修行者のめざすところであるという原点を忘れてはならないという必死の精神がこの経文にこめられているように感じます。

私たちの日々の生活を反省の視線でみつめると、精神文化の深さや伝統に生き方の根源を見出す必要をしみじみ感じさせられるように思います。

10 迷子になった子どもと五十年ぶりに再会した父

年経《としふ》れど親とも知らぬ子にあひて
　今はたからを任《まか》せつるかな
　　法成寺入道前摂政太政大臣（萬代和歌集）

この和歌の詠《よ》み人は、平安時代に権力を一手に集中し、栄耀栄華をきわめたとして知られる藤原道長《ふじわらのみちなが》です。もっとも、この方は周囲に才能を持つ人を集めたようで、八話でも紹介した女流歌人・赤染衛門《あかぞめえもん》に、ほとんど初めて「法華経二十八品和歌」を詠《よ》ませましたし、源氏物語の作者・紫式部もこの方に仕えたのでした。和歌の意味は、次のようなものです。

「迷子になった子どもが所々方々をさまよい歩き、親はわが子の安否を気遣《きづか》って、五十年もの時間が経過してしまったのであった。ところがあるとき、偶然、父がわが子を発見し、それから順次、真相をあきらかにすることになり、ついには父がその全財産を子どもに譲ることができたのであったという」。

すこしばかり補いましたが、実に素直にこの和歌は『法華経』七つの譬喩《ひゆ》のうち、第二の「長者窮子《ちょうじゃぐうじ》の譬《たと》え」の趣旨を詠んでいます。

これが風雅な装いをもってすると、あの落語の「たらちね」でも知られる崇徳院《すとくいん》の次の和歌（『続古今集』所収）のようになります。

かぞふれば遠路《とおじ》の里におとろへて
　いそじ（五十路）あまりの年ぞ経《へ》にける

インドといい、中国といい、現代でも十数億人という、その膨大な人口が耳目を集めています。国土の広さも想像を絶します。経典が編纂され、それが漢文に翻訳されるなかで一組の親子の物語が伝えられたのです。

交易《こうえき》を生業《なりわい》として成功した父親が、肝心な跡取りの息子を迷子にしてしまいました。必死になって探しましたが、ついに見つかりませんでした。ところが、それから五十年後、交易の店先の前を通り過ぎる男にわが子の面影を確かめます。父親は驚いて、「ともかく、あの男を連れてこい」と従業員に命じます。

主人が必死の形相《ぎょうそう》で連れてこいというのですから、従業員は無理やりに引っ張ってこようとします。

子どもの方はなにがなんだか解りません。いつかもこんな目にあって殺されそうになったことを思い起こして、子どもは抵抗に抵抗を重ね、暴れまくります。

その様子を見て、主人は「これはいけない！　急に思い立って、無理やり連れてくるということは無理な話だ」と頭を切り替えます。

しかし、それであきらめるようなことはできません。

店を手伝っている者のうちから、現場で汚ない姿で働いている者に、「あの男にいい仕事があるからやらないか」ともちかけてみなさいと命じます。それがきっかけとなって、男はだんだん交易の仕事を手伝い、その中身についても理解を深くしていきます。そしてついに、いわばその店のチーフ・マネージャーの役を引き受けることになったのでした。

機が熟し、交易商として大成功をおさめた父が、たまたま店を手伝うようになったその男こそ、実は子どもの時に見失ったわが子であることを、子どもに明かす日が来ました。同時に周囲の関係者にその真相を発表し、わが子を後継者とすることを宣言します。

譬喩ということは、それに仮託《かたく》して伝えたいことがあるわけです。現代でも、お互いに心のうちを伝えるには、ただ唐突な物言いでは奥深い心の真相を伝えることはできないでしょう。物語や演劇や、そのもととなる文学作品にはそのような場面が登場します。

ブッダが菩薩乗を説き表すためにこの譬喩が述べられた

「大《だい》を楽《ねが》うの心あらば、仏すなわちわが為に大乗《だいじょう》の法を説きたまう。今この経のなかにおいて、ただ一乗《いちじょう》を説きたもう」。

「私達に大いなる導きを願う心があれば、ブッダは私達の為に大乗の導きをお説きくださる。今この『法華経』において、真実の「一乗の導き」が示される趣旨がそこにあることを心に深く刻みたい」。

「菩薩《ぼさつ》」という言葉を、皆さまも耳にされたことがあるでしょう。その意味を簡明に言えば、「悟りの完成に努力する人」「ブッダとなるべく、道心を起こして修行する求道者」であります。

「そんなことは、当たり前のことでしょう！」という答えが返って来ると思います。仏教の道を求める法師が菩薩の道を求めるのはあたりまえだという方が多いと思います。

振り返ってみると、もともと原始仏教は、人の多く住む街から二キロメートルほど離れた静寂な地の僧院、サンガ（僧伽《そうぎゃ》）で集団生活を行なっておりました。きびしい求道生活のなかで、修行に没頭する僧、論理的にその世界を組み立てようとする僧も居ました。

それらに対して、「菩薩」とは、求道の原点に思いを集中し、いつもそこからの出発を思い起こすことの重要さをあらためて確認することが求められていったのだと思います。

「菩薩」の修行として布施《ふせ》・持戒《じかい》・忍辱《にんにく》・精進《しょうじん》・禅定《ぜんじょう》・智慧《ちえ》が掲げられます。「布施」とは、〈ほどこし〉のこと。具体的には、①財施（経済的支援）、②法施（真理を教える）、③無畏施（恐怖を除き、安心を与える）することを言います。以下、「持戒」（戒律を守る）、「忍辱」（苦難を耐え忍ぶ）、「精進」（たゆまず仏道に励む）、「禅定」（瞑想による精神統一）、「智慧」（真理を見極め、悟りを完成させる）とつづきます。

そのいずれをとっても、一心に道を求め、人びとに道を示すという基本を確認することの提示ですね。絶対に忘れてならない仏道究明の基本です。その原点に立ち返って、あらためて仏道究明に励む道が『法華経』において示されているのです。

高度な境地から今一度原点を確かめ、それを通して、いかなる人にも仏道成就《ぶつどうじょうじゅ》が保証されていることがあきらかにされることが、やさしい譬喩によって念押しされているのです。

11 小さな草にも心が宿っている

アメリカの詩人ホイットマンに『草の露《つゆ》』という有名な詩があります。「草の露にも神が宿る」ことをうたった詩で、少し前の時代には日本でもおおいに受け入れられたということです。

「草《くさ》の根《ね》民主主義」という言葉は、皆さん聞いたことがあるでしょう。それも実は、アメリカの農民から起った自活と分権を志向する大衆運動というのが、もともとの意味だそうです。

草や木は、自然の恵みを考えさせ、しばしば生きていることの尊さを実感させるのですね。特によく見ないと見過ごしてしまうような小さな草に、小さな花をつけているのを見ると、生活に押しつぶされそうになった気持ちを叱咤《しった》されたような気分になるものです。小さなものが、なにも言わないからこそ、逆に生きることの大切さをしみじみと教えられるような気持ちになるものです。

はる雨《さめ》はこのもかのもの草も木も
　わかず緑《みどり》に染むるなりけり
　　　藤原俊成（長秋詠藻）

「春雨《はるさめ》がしとしとと降ってくる。その恵みの雨によって、此の木もあの木も分け隔《へだ》てなくすべて緑に染められていく」。

そんな言葉で、奥深いブッダの恵みがすべての人びとに言い知れぬ恵みを授けてくださる姿を、やわらかに伝えているのです。

いうまでもなく、藤原俊成は鎌倉時代の歌聖として知られる有名な歌人です。この和歌の光景は、「法華経」の写経のなかで、薬草喩品《やくそうゆほん》第五の見返《みかえ》しに描かれております。

もともと、そうした美術の事柄について、筆者があかるいはずがありません。おおかたの日本人は、「法華経」の写経を見ても「もの好きな人がいたものだ！」くらいにしか思わず、その意味することを知ろうともしないケースもあるのではないでしょうか。

もうずいぶん月日が経過してしまいましたが、ある夏にハワイ大学のジョージ田辺教授と奥さんのウイラ田辺教授とが中心になって、米国の学者と日本の学者がそれぞれ十五人ほど集まって『法華経』の勉強会をするから来ませんか、という案内を受けました。日本で『法華経』の勉強会をするというのなら納得がいきますが、ハワイ大学で開催するというのでよろこんで参加しました。そのときに、ウイラ田辺さんが研究発表し、後にその論文が博士論文になり、日本で刊行されました。法華経写経の見返しの絵がこの和歌に基づいたものであることをあきらかにしたのでした。

実はこのほかにも、日本に米軍楽隊の一員として来日し、尺八のとりこになってしまった音楽家が、解説付きで「本歌《ほんか》」を演奏して下さいました。なんだかわからないで聞いていた尺八の「本歌」が、阿字観《あじかん》という密教の修行の境地を和歌に詠んだものを演奏するということを聞いて、すっかり溶け込むように聞き惚れてしまったものでした。

和歌には仏教思想が融合した日本文化の深淵さを表現しているものがあるようです。

ブッダの平等の説は一味《いちみ》の雨のごとし

ブッダの願いは、次のように語られています。

「未《いま》だ度《ど》せざる者は　度せしめ
未だ解《げ》せざる者は　解せしめ
未だ安《やすん》ぜざる者は　安ぜしめ
未だ涅《ね》槃《はん》せざる者は　涅槃せしむ」。

「度」というのは「救い」のことです。人生の根に「苦が横たわっている」ことを見定めるならば、その「苦の人生から脱却する道」を求める心が涌いてきます。
それによって「道を求める心」が涌いてくると、ブッダの導きとはどのようなことであろうか？　という疑問から出発して、ブッダの教えを理解しようとします。
やがて、苦しみながらブッダの教えをだんだんと理解し、その導きに沿って修行を重ねると、ブッダの教えに身を委ね、解脱《げだつ》の境地《きょうち》に安住することができるようになります。

そして遂に、ブッダの究極の「お悟り」の境地と一体になっていきます。

ブッダの導きに目覚め、それぞれの修行の道を歩みゆく。それが仏教修行者の道です。

世俗の場合でも、秀才がいます。それどころか天才がいます。愚鈍《ぐどん》な者からすると、どうしてあんなにいろいろと覚えることができるのだろう？　どうしてただちにさまざまなことを理解し、その解決法を打ち出すことができるのだろう？　などなど、想像を絶する秀才や天才がいるものです。反面、どうしてあんな簡単なことがわからないのだろうと、そのさまを見て逆に才能を引きだそうとする側が苦しんでしまう人もおります。

ブッダのお弟子のなかにも摩訶槃特という、何ごともすぐさま理解する天才がいました。ところがそれと反対に、弟の周利槃特は愚鈍で、「愚路《ぐろ》」とよばれるありさまでした。ブッダは彼に適応した修行のいざないとして、一本の「ホウキ」（箒）を与え、そのことにより周利槃特は解脱を得たのです（四十一頁参照）。

『法華経』薬草喩品《やくそうゆほん》では、三草二木《さんそうにもく》の譬喩《ひゆ》を示されます。草にも小草《しょうそう》・中草《ちゅうそう》・上草《じょうそう》があり、木にも小樹《しょうじゅ》と大樹《だいじゅ》とがある。修行者の姿を思い起こすと、小草（人天《にんでん》）・中草（声聞乗《しょうもんじょう》・

縁覚乗《えんがくじょう》）・上草（菩薩乗《ぼさつじょう》）にそれぞれ該当し、小樹（新たな菩薩）と大樹（格別の境地に達している菩薩）というように、それぞれの修行者が「究極のお悟り」をめざして、同じように甘露《かんろ》の雨に喩《たと》えられるブッダの教えを、それぞれ分《ぶん》に合った受け方で恵みの潤《うるお》いを受けていることを示しているのです。

12

苦難の修行の道にもオアシスが

こしらへて仮《かり》の宿《やど》りに休めずば
　まことの道はいかで知らまし
　　赤染衛門《あかぞめえもん》（後拾遺和歌集）

「状況にあわせて、途上の疲れを癒《いや》す憩《いこ》いの場を、皆に気付かれぬように設営するという思いやりがないならば、どうして人びとと共に究極の道に辿《たど》り着く事ができるであろうか。ブッダの導きは奥深いものなのだ！」。

ブッダの導きを私たちはいつから受けているのだろうか？　という疑問に対して、ブッダは三千塵点劫《じんでんごう》の遠い過去から、衆生を導く誓願《せいがん》を立てたのだ。と、そのように答えるのでした。（三千大千世界のすべてを磨して墨《つちくれ》とし、千の国土を過ぎる毎に、つぎつぎと墨の一点《ひとくれ》を下ろして、そのすべてが下ろし尽くされたという、計り知れない長い時間のことです）。

ブッダの教えに導かれていくと、どうしてもただ、今ここで偶然に出会って、導きを受けたということではないに違いない！　そのように心の底から涌きだす心情を顕わし、そのことをどうしても問いたださねば済まなかったのでしょう。

そもそもブッダが歴史上にそのお姿を現されたインドには、過去・現在・未来を一貫する無限の時間を肌身に感ずる感性が宿されていたということです。数学者の吉田洋一氏が『ゼロの発見』という書物を書かれています。インドで初めて「0（ゼロ）」という数字があきらかにされてから、科学の推進力が飛躍的に発展するもととなったことが分かってきたということです。

ですから、数学の意味するところも、物凄く飛躍的なところがあります。国語の辞書にも「劫火《ごうか》」などの語が採録されています。われわれはその言葉を使いながら、「劫火」って、この世が最終的に破壊されるとき、世界が火の海に包まれるのだというように辞書に解説されていたけれど、物凄いことを言うものだねえ！　というような理解ではないでしょうか。

「四大劫《しだいこう》」という考え方があります。想像を絶する大きな時間の循環のなかに、われわれ宇宙の存在はあるというのです。成劫《じょうこう》（世界が成立し、安定していき）・住劫《じゅうこう》（生物が住めるほど環境が整い、それが衰えていき）・壊劫《えこう》（破壊に進んでいき）・空劫《くうごう》（固定的な空間がなくなり、やがてそこから再び世界が成立する条件が整っていく）という、宇宙物理学もさもやと思われる壮大な世界です。

私たちが生きているということは、そのような大きな変化のなかで生きているというのですね。日本学術会議といえば、いわば学者の国会と言われますが、その会長の黒川清先生は、いつも挨拶のときに「われわれの宇宙が出来て百六十億年。生命が働きだしてから四十億年。そして人類文化が発祥したのは（わずかに）一億数千万年前」などと、私たちの日常感覚をゆさぶって楽しんでいるようです。

まぼろしの城に出会う

『法華経』化城喩品第七《けじょうゆほん》からは、これまでと違って「因縁周《いんねんしゅう》」が説かれます。つまり、方便品第二を中心にした「法説周《ほうせつしゅう》」につづいて、これまでは「譬説周《ひせつしゅう》」が説かれてきました。私たちがブッダが体得された「諸法実相《しょほうじっそう》」の真理を身に着けていくために、具体的な譬喩を通してその内容を納得させていただくということです。

しかし、いつまでも閉ざされた現実での認識の中で考えているわけにはいきません。「私という存在は何者なのか？」という心の奥底からの切実な問いに対して、ブッダがお答えになります。それが、ブッダが娑婆世界《しゃばせかい》の私たちを導こうと決心なさったのは、実に遥かなる昔であることを示したのです。「君たちはブッダとはじめて出会ったと思うであろうが、そうではないのだ！」と言明されるのです。

遠い遥かなる昔に、大通智勝如来《だいつうちしょうにょらい》という仏がこの世にお出ましになられた。もとは国王として敏腕をふるったが、国王の政治を他に委《ゆだ》ねて、真理の道を求めるために出家し、やがて大通智勝如来というブッダになった。国王の時代に十六人の王子が居たが、父がブッダになられたお姿を見て仏道に入り、それぞれ東西南北の四方とその間をあわせた八方の衆生を救う誓願《せいがん》を立てたのであった。今の釈迦牟尼仏《しゃかむにぶつ》は十六番目の王子で、東北の衆生を救う誓願を立てられた。それ以来、どのくらい時間が経過したかというと、実に三千塵点《じんでん》劫《ごう》という時間が経過したのだ。と、このように語るのでした。それが今の化城喩品《けじょうゆほん》の主題なのです。

そのような永い永い時間、仏道を求めつづけることは容易ではありません。そのことを示したのが「化城《けじょう》の譬喩《ひゆ》」です。砂漠が延々とつづいているなかを、隊商が進んでいきます。リーダーを信用して進むとはいえ、ほとほとくたびれてしまうと、「きりのよいところで、休みたいよ！」と口々に言い出すことになります。するとリーダーが、「もう少し行くと立派な城に到達する。そこでゆっくり休むこととしよう」と言うのです。

リーダーの言う通りに城が見えてきました。隊商たちは、目的地へ着いたと喜んで休養を取るのです。ところが一休みするとリーダーは「これは諸君に休養を与えるための幻《まぼろし》の城なのだ」と言います。そしてさらに「十分に休んだではないか。これから、ほんとうの目的地にむかって雄々《おお》しく進んでいこう」と、人びとを鼓舞《こぶ》するのです。

「汝等、いざや宝処《ほうしょ》は近きにあり」というのが「まぼろしの城」へ向かう人びとへのそのときの励《はげ》ましの言葉です。その経典の言葉を聞くと、いつも感激します。なんでもそうですが、道を求めつづけていると、自分がどこにいるのか分からなくなってしまいます。そのときに励ましを受けると、また元気が出て頑張る気持ちになります。希望を失わずに歩み続ける道を経典は示しています。

13

香風《こうふう》来たりて新しきものを雨《ふ》らす

「香風、ときに来たりて萎《しぼ》める華《はな》を吹き去りて、さらに新しきものを雨らす」。

「すばらしく香《かぐわ》しい風が流れてくる。そのとき、しぼんだ華がその風に吹き去られて、香があふれた新しい華が吹き送られてくる」。

『法華経』は二十八品（章）から構成されています。ですから、あまり回り道をしていることが許されません。しかし、今かかげたこの経文に感激した人を思い起こして、今回も『法華経』化城喩品第七のことをおはなししたいと思います。

今の経文に心をときめかせたのは、第五十五代内閣総理大臣を務めた石橋湛山《たんざん》先生でした。務めたといいましたが、世間的には石橋内閣はわずかに七十一日間という短命内閣でした。なんとなれば、組閣してまもなく病に冒された先生は、「日本の運命を担う総理大臣としての任務に堪えないまま、その任にあることは許されない」と、身を退きました。その潔さ。そして清潔な姿勢で世界の状況を認識する高潔さは、今も多くの人の心を引き付けてやまないものがあるようです。

その湛山先生は、中学生のときにあの「少年よ！　大志を抱け！」のクラーク博士の薫陶《くんとう》を受けた大島正健先生が中学校長として赴任して来たことから、大きな影響を受け、キリスト教にも大きな刺激を受けたのでした。

石橋家の玄関には今でも「野の百合を思ひ見よ、紡《つむ》がず、織《お》らざるなり」という聖書（ルカによる福音書）の言葉になぞらえた白百合《しらゆり》の彫金が飾られているほどです。

その湛山先生が、子供の時代から耳にしている『法華経』の経文のなかでも、この経文を好ましく思い、大切にしたのです。

大通智勝如来《だいつうちしょうにょらい》が、十小劫《じゅうしょうごう》という永い時間、結跏趺坐《けっかふざ》して心身が動じない姿でいるとき、忉利天《とうりてん》が菩提樹《ぼだいじゅ》の下《もと》に師子《しし》の座《ざ》を用意し、さらにもろもろの梵天王《ぼんてんおう》がもろもろの天の花を百由旬《ひゃくゆじゅん》もの間降らしたというのです。それを受けて、

「香《かぐわ》しき風。時に来たりて萎《しぼ》める華《はな》を吹き去りて、さらに新しきものを雨《ふ》らす」。

という句が讃えられるのでした。

結跏趺坐というのは、坐禅《ざぜん》やヨーガをやっている人にはよく知られた言葉で、坐禅をする際に足の裏を上向きにするように、両足を組む姿です。日本人には少々馴染《なじ》みがありませんが、中国の高僧などはいともたやすくこの姿になり、お腹の底からふりしぼる清澄なお声で説法をなさいます。

端然《たんぜん》と足を組んで、大地と一体になった泰然《たいぜん》たる姿で修行をなさるブッダのイメージが今の世に現れる感じがするものです。

そうした際に、花がつぎつぎと舞い降りてくる光景。ブッダを讃えるのにこれほど素晴らしい光景はあるまいと、納得させられようというものです。

暗きより暗きに入りて……

この言葉とは対照的に、大通智勝如来を讃えて、「衆生は常に苦悩のなかにおります。悟りの明かりを求めても、明かりを見ることなく、導きの尊師《そんし》との遭遇《そうぐう》も叶《かな》いません。苦しみを超《こ》える道を知ることもなく、苦からの解放を知ることもありません」という言葉を受けて、次の経文が語られます。

「長夜《じょうや》に悪趣《あくしゅ》を増《ま》し、諸《もろもろ》の天衆《てんしゅ》を損減《そんげん》す。冥《くら》きより冥《くら》きに入りて、永く仏の名《みな》を聞かず」。

この経文は非常に平安時代の人の心に響いたようです。平安時代に性空《しょうくう》（九一七〜一〇〇七）という聖者がおりました。

姫路の書写山《しょしゃざん》に落ち着いたところから書写《しょしゃ》上人とよばれたり、播磨《はりま》の聖《ひじり》と通称されたりしました。貴顕の家に生まれたにもかかわらず、三十六歳で出家し、現在の宮崎県と鹿児島県にまたがる霧島《きりしま》の山地に籠もって修行し、三十九歳のときに姫路の書写山に登って後の円教寺《えんきょうじ》を創建しました。

「法華経三十講」が行なわれるなど、人びとはその性空上人をわざわざ京の都から杖をひいて訪れたといいます。天皇の位を譲られた花山院《かざんいん》が二度にわたって書写山に行幸されたという事績が伝えられています。
性空上人は、著名な僧とも親しく、当時の宰相の地位にあった藤原道長《みちなが》や、その周辺の慶滋保胤《よししげやすたね》や、歌詠みとして著名な和泉式部《いずみしきぶ》らも性空に深く帰依《きえ》したのでした。和泉式部の結縁《けちえん》の和歌として、次の和歌が伝えられています。

くらきより暗き道にぞ入りぬべき
はるかにてらせ山《やま》の端《は》の月《つき》
和泉式部（拾遺和歌集）

「私たちは、暗い道から、また暗い道へと入っていくだけです。どうぞ「みほとけ」のお導きによって、遥かなる浄土から、私たちに光を与えて、私たちの永遠の人生を明るく照らしてくださいませ。ああ！　月が山の端《は》にかかっておりますよ！」。

現代にも「光」を求める人が数多く居ると思いますが、平安時代の人びとが明かりを求めた奥深い心境とどのように切り結ぶものでしょうか。この和歌はよほど当時の人びとの心情に響いたものらしく、しばしば引用されている和歌なのです。それほど、この世は暗く、その暗さから永遠に抜け出ることができないという不安感が人びとの心の奥深く染み付いていたのでしょうか。

後の世になりますと、つぎのような和歌が伝えられます。記憶のままに綴《つづ》ったので正確ではありませんが、逆さまに詠んでも同じになります。試してみては如何ですか。

永き世の遠《とお》の眠りの皆目覚め
　波乗り船の音の良きかな
（なかきよの　とおのねふりの　みなめさめ
　なみのりふねの　おとのよきかな）

14 遥かなる道を歩む

『法華経』の化城喩品《けじょうゆほん》第七の前半では壮大な過去・現在・未来の世界が描かれました。

人里離れた僧院で、志を同じくする修行者と一緒に日々の修行を重ねて行く生活規範に対して、『法華経』は終始、〈私たちは菩薩《ぼさつ》として生きているのだ!〉ということへの目覚めを促します。

それは同時に、私たちの周囲の世界は閉ざされた世界であるかのように思いがちですけれども、私たちは時間的に言えば、〈過去・現在・未来〉の壮大な時間の流れにつつまれていることに目覚めなければいけないということが示されているのでしょう。

そのように壮大な時間に修行者が結ばれていることを、「ブッダは、この娑婆《しゃば》世界の衆生を救う願いを、三千塵点劫《さんぜんじんでんごう》の往昔《むかし》という遠い過去に誓願《せいがん》なさったのだ!」と説かれたのです。

私たちからすれば、遠い過去の光景ということになりがちですが、無限の過去において「香風《こうふう》、常に新しきものを雨《ふ》らす」という新鮮な光景が若々しく展開していた趣旨をあきらかにしたのです。だからこそ、三千塵点劫という無限の過去からのブッダの導きが、今も限りなき慈愛として人びとに注がれていることを知ることになるのです。

『法華経』は「真空妙有《しんくうみょうう》」を説く経典です。この世は無常《むじょう》であり、空《くう》であると哲学的命題としてブッダの教えがあきらかにされる内容は大切です。このことは日本人の誰もが、意識しないで自己の感性として身に着けております。どれほど、日本人の感性から離れたいと思っても、とどのつまり、そこに帰ってしまうという恐ろしい経験を、多くの人が体験しているのではないでしょうか。だが同時に、無常だと居直っているだけでは済まされません。毎朝出てくるお日さまと対面し、いろいろと具体的な取り組みをしていかなければなりません。そこに、いつしか「真空」に達することが、現実世界で生き生きと生きていくことと結びついてくるのです。その境地を「真空妙有」とよびます。

ということで、隊商がどこまでも続いている砂漠を歩む光景が語られます。目的地に向かって進んでいくという譬喩は、ブッダの教えからすれば菩薩としての修行を続けていくというイメージから出発しています。

目的地に向かって、進んでも進んでも、自分がどこまで進んでいるかわからなくなり、だんだんと不安な心が首を持ち上げます。そうなったら、不安が不安をよび、隊商の長に向かって、「いくら進んで行ってもムダではないですか。もう、進むのをやめましょう」という叫びになります。しかし、テレビの映像で知るとおり、砂漠の真ん中で止まれば、もはや死を迎えるだけです。そんなことはできません。そうしたとき、リーダーはどういう態度を示すのでしょうか。

幻《まぼろし》の城

「もう少し行くと立派なお城が見えてくるよ！」とリーダーが、人びとを励まします。たしかに立派なお城が見えてきました。なかに入ってみると、立派な施設です。「もう、ここがわしらの終点だ！　ここで楽しい毎日を過ごしましょうよ！」と、人びとは口々に言います。

ところが、ぐったりした隊商の面々が元気を取り戻すと、リーダーは、「やあ諸君！

ここは幻《まぼろし》の城なのだよ！」と容赦《ようしゃ》ない現実をあきらかにするのです。経文では次のような言葉です。

「汝等《なんだち》。いざや、宝処《ほうしょ》は近きにあり。

〝さきの大城はわが化作《けさ》する所なり、止息《しそく》せんがためのみ〟

と言わんがごとし」。

「今まで見えていた大城は、私が映し出した「まぼろしの城」なのだ。皆さんが疲れて絶望してしまうのを避けて、皆さんを激励するために、あえて「まぼろしの城」を目の前に見せたのだ！」。

さあ、ほんとうの目的地は遠くないところまで来ているのだよ！　と言うのです。さきほどまで休息したお城は、皆さんが絶望しないで元気を取り戻す機会を確保するために、私が皆さんに見せた幻の城なのだ！　そのようにリーダー（指導者）は言明したのです。

こうして、隊商の群れはほんとうの目的地に向かって、確かな足取りを進めていくことになったのです。


この寓話に似た譬喩《ひゆ》は、菩薩の心得を確かめ、激励するものです。

人生を歩むということは、決して単調な道ではありません。遠くから見ると、仏道修行者は一定の修行コースをたどればよろしいように思いがちですが、実際に修行の道を歩みはじめると、なにがなんだか判らなくなってしまう段階があります。それも一回かぎりではなく、修行を進めば進むほど、恐ろしいほど厳しい自己の判断を迫られてきます。

日蓮聖人は、刀剣《とうけん》を鍛《きた》えていく譬喩で、仏道修行の厳しさを教えて居られます。刀剣を鍛えていくはじめの段階では、鍛錬《たんれん》されていない鉄の固まりを比較的簡単に取り去ることができます。しかし、鍛えに鍛えていくと、微小な疵《きず》によって、いとも簡単に刀が折れてしまうのだ！　と言われるのです。

読者の皆さんは、それぞれの体験を省みられることでしょう。自分の目的とする境地をどこまでも追究するのには、つらい試練がともなうものです。「もう、この辺でいいのではないか？」と、『幻の城』に安住してしまうのが、われわれの普通な感覚でしょう。

そこを突き抜けて目的地めざしてあくなき歩みを続けるのが、日本人が大好きな「道《どう》」の精神と言えましょうか。

15

私たちは、果たして仏道を成就することが出来るのか？

少々飛躍してしまいますが、青年時代に、ギリシャの数学者が、「宇宙の果てを確かめる方法」を考えたという話を聞かされたことがありました。今日のような宇宙論とは次元が違って、宇宙という固定的な存在があって、その一番外側を確かめることはできるのかというのが、その学者の立てた設問です。

あれこれ考えた末に、それは不可能であるという結論に到達したというのです。その理由は、宇宙の果てに向って進んでいくと同時に、だんだん人間が小さくなっていく。したがって、進んではいるのだけれども、到達点に近づくに従って、人間の身長がその距離数に比例して、だんだん小さくなってしまうことになるだろうと考えたのです。

そうなると、限りなく到達点に近づいても、遂に目的地には着くことができないという結論になってしまったということでした。例の「兎《うさぎ》は亀《かめ》を追い抜くことができない」と考えたギリシャの数学者と同じ論理に陥ってしまったのです。
現代では、月面に人間の足跡を残し、火星探索などが現実のものとなっています。論理の立て方と、現実の可能性ということが、古代から現代まで連綿と問い続けられているわけです。

つい脱線してしまいましたが、仏道を求めるということもなかなかむずかしいのです。ブッダと同じ「お悟り」を得る一番の近道というものは、実は有り得ないのでしょう。しかし、ともあれ、人里離れた静かな場所で心を見つめ、同志と共同生活を営み、町に出て人びとから喜捨《きしゃ》を受けて、ひたすら仏道に専心するという生き方が、比丘《びく》や比丘尼《びくに》の修行の道でした。

東南アジアの南方仏教では、今もこのような修行が行なわれております。同時に、限りなき成長を求める現代社会での、求道の在り方をめぐっての苦悩にも直面しているということもあるそうです。

『法華経』では、ブッダの十大弟子の代表として、舎利弗尊者が「仏弟子たちが未来において仏道を成就する保証」をブッダにお願いするのです。

それに対して、ブッダは「記別《きべつ》を授ける」という言葉で、仏弟子たちにつぎつぎと将来の成仏を保証するのです（これを授記作仏《じゅきさぶつ》といいます）。

私たちが見聞する卑近な世界でも、将来のことが不安になります。大乗仏教では、この「授記作仏」ということが、大きなテーマになったのも頷ける気がいたします。

『法華経』譬喩品《ひゆほん》第三では舎利弗尊者に、授記品《じゅきほん》第六では須菩提《しゅぼだい》、迦旃延《かせんねん》、目連《もくれん》の三人の尊者が「授記作仏」を受けます。

そうして五百弟子受記品《ごひゃくでしじゅきほん》第八で、千二百人の仏弟子が「授記作仏」を受けます。初めに憍陳如《きょうじんにょ》が、また五百人の仏弟子たちが相次いで「授記作仏」され、さらにその後も声聞とよばれる修行者たちがつぎつぎと挙げられます。

縫《ぬ》い込まれていた宝珠《ほうじゅ》

五百弟子受記品には、仏弟子がそれぞれ大切な仏性《ぶっしょう》（ブッダの心）を内蔵していることが説かれ、さらにそれを「衣裏宝珠《えりほうじゅ》の譬喩《ひゆ》」によって補完されています。

「拙《つたな》い哉丈夫《かなじょうぶ》、なんぞ衣食《えじき》のために、すなわち是《かく》のごとくなるに至る。われ昔、汝《なんじ》をして安楽《あんらく》なることを得《え》せしめ五欲《ごよく》に自《みずか》ら恣《ほしいまま》ならしめんと欲して、某《それがし》の年《とし》日月《ひつき》に於いて無価《むげ》の宝珠《ほうじゅ》を以て汝が衣の裏に繋《か》けぬ」。

「君はどうしたのだ！　どうして、仕事もしない、そのために着るものも食べるものもないという状態になっているのか？　君が昔、ボクのところを訪ねて来たとき、なにがあっても困らないように、必要なものを求めることができるようにと思って〝普通では求めることの出来ない高価な宝石〟を、君の着物の裏に縫い付けておいたのに。君はその宝石を知らないでいたのか？」。

幼いときの友人というのは、お互いに忘れがたい存在です。遍歴放浪《へんれきほうろう》の人生を生きた男は、暮らしも心も「その日暮らし」でした。

故郷へ舞い戻って来た男は、今は立派な人物として人びとの信用を得ている友人の邸宅を訪れます。立派な友人は、昔を懐かしんで、放浪の男を歓待します。翌朝、立派な友人が仕事に出かける前に、「この男はずいぶん辛《つら》い日々を送ったに違いない、そして、いずれまたどこかで飢えに悩むに違いない」と考えて、衣服の襟《えり》のなかに〈高価な宝石〉を縫い込んでおいたのでした。

それからまた幾許《いくばく》かの年月が経過し、再び友人のもとに遍歴放浪の男が舞い戻って来ました。諸方を遍歴し、疲れた姿を現した男に尋ねた言葉が、いま掲げた経文の言葉です。

「この前、君が訪ねて来てくれたとき、君に宝石をプレゼントしたのだが、君は気がつかなかったかい？」

と、言葉を投げ掛けたのです。

この譬喩を通してブッダが語りかける意味はすでにお分かりでしょう。

ブッダは永い間、常に人びとが心身に具有《ぐゆう》する「仏性《ぶっしょう》」への目覚めを促してきました。「一切衆生悉有仏性《いっさいしゅじょうしつうぶっしょう》」という仏教語に端的に示されているように、人は誰でも心身に「ブッダの働きかけ」を内蔵しているのです。そのことに気付くならば「仏道」究明への道が開けていくのです。残念なことに、それに気付くこと無く過ぎていく人生もあります。

さらに、折角の修行にもかかわらず、「菩薩道《ぼさつどう》」を忘れてはならないと警告しているのが、今の譬喩を説く意図なのです。

16

阿難《あなん》尊者と羅睺羅《らごら》尊者の願い

『法華経』のストーリーをたどって行くとブッダの永遠の導きが繰り返され、菩薩として修行者が歩むあり方が示されていきます。

後世の禅僧のやりとりをうかがいますと、激しい〈悟り〉の伝授の様子が伝えられております。そこでは自分で〈悟り〉を確かめねばならないという姿勢がつらぬかれているように見えます。

『法華経』前半の様子ではどうかというと第十四回で紹介しましたように、永遠の導きのなかでブッダによる仏道成就の保証が説かれています。それが「授記作仏《じゅきさぶつ》」として示されている内容です。

ブッダの十大弟子のうち、最初に譬喩品《ひゆほん》第三で舎利弗尊者が記別《きべつ》を授けられ、次に授記品《じゅきほん》第六で三人の弟子が、五百弟子受記品《ごひゃくでしじゅきほん》第八では千二百人の弟子と憍陳如比丘《きょうじんにょびく》をはじめとする五百人の弟子が記別を授けられました。

このように、まず十大弟子をはじめとして、ブッダに従って仏道を求めて修行していたお弟子たちにつぎつぎと将来に仏道を成就することが保証されていきました。今日、私たちがイメージする「成仏《じょうぶつ》」よりも、高次な思弁的・哲学的な感じで受けとめられると言ったらよろしいでしょうか。こうして千二百人余の仏道修行者に授記作仏が保証されたのに、ブッダのお傍《そば》近くにいつも従って、そのお説法の様子を心に留めていた阿難尊者に対して、まだお声はかけられることがありません。ブッダが、身近な弟子へはあとから授記を保証する趣旨が推測《すいそく》されるのです。そこに「法」（ダルマ）への敬虔《けいけん》な姿勢が示されていると考えられます。

いうまでもなく阿難尊者はブッダの従兄弟《いとこ》にあたります。十大弟子のなかでも、後回しになった理由がそこにあるように思われます。

もうひとりの羅睺羅尊者はブッダがまだ悉多太子《しったたいし》（王子・シッダルタ）であられたとき、その長子として生を受けた方です。仏典にはブッダがわが子の誕生を知って「障碍《しょうがい》（ラーフラ）が生まれた。繋縛《けばく》が生まれた」と語ったというのが命名の由来と伝えています。父が偉大なる〈覚者《かくしゃ》〉（悟れる者）となられたことは、とてつもない壁が出来たようなものでしょう。

羅睺羅さんがどれほど苦労を重ねられたのだろうかと思いをめぐらすと、涙がとまりません。羅睺羅さんは出家して智慧第一の舎利弗尊者のもとで修行しました。その修行態度は「不言実行《ふげんじっこう》」でつらぬかれ、多くの比丘の尊敬の的となったと伝えられます。

このお二人が、私たちにも授記作仏をあきらかにしてくださいと懇願します。

「私たちは授記を得ることができるならばどれほど嬉しいことかと願ってきました。……阿難はブッダに侍者《じしゃ》としてお仕えしブッダの教えを護持しております。

羅睺羅は悉多太子の長子です。

将来成仏を保証して頂ければ、私たちの願いが叶うだけでなく、多くの同業者も歓《よろこ》びを分かちあってくれるでしょう」。

阿難と羅睺羅への授記

以上のような二人の願いに、ブッダはつぎのように応えて、すぐさま授記作仏を保証されたのです。

「羅睺羅の密行《みつぎょう》は、唯《ただ》、われのみ能《よ》くこれを知れり。現にわが長子《ちょうし》となって、以て諸の衆生に示す。無量千万億の功徳数うべからず、仏法に安住して、以て無上道を求む」。

「羅睺羅が不言実行をつらぬいていることは、よくよく承知している。悉多太子の長男として生まれてから、人びとに示した功績は数えきれるものではない。仏道に安住して、無上道を求めつづけた姿にまことに尊いものを感じるのだ」。

赤染衛門《あかぞめえもん》はその情景を和歌にしています。

もろともに悟りを開く是《これ》こそは
　昔ちぎりしるしなりけり
　　赤染衛門（赤染衛門集）

こうして、ブッダと血縁的には最も近い関係にあるというべき二人の仏弟子に、他の多くの仏弟子への授記作仏がほとんど終わってから、やっと授記作仏が示された光景が描かれたのです。

すなわち、阿難尊者は将来の世において、かならず仏道を成就して「山海慧自在通王仏《せんかいえじざいつうおうぶつ》」という名のブッダの姿を具現し、仏法を的確に示して世の人びとをして覚者としての導きを示すであろう、ということをあきらかにします。

そして羅睺羅尊者は「蹈七宝華如来《とうしっぽうけにょらい》」というブッダとなって、未来の世に阿難と同様に、仏道をもって人びとの心に明るい灯明を示すであろう、と宣《の》べ伝えられたのです。

摩訶波闍波提比丘尼と耶輸陀羅比丘尼への授記

『法華経』勧持品《かんじほん》第十三といえば、仏法滅尽《ぶっぽうめつじん》の時代に『法華経』を弘める弘通者《ぐつうしゃ》に対して、法華経の行者《ぎょうじゃ》に「三類《さんるい》の強敵《ごうてき》」が妨害を加えるであろうという強い調子の経文のことが、すぐに頭に浮かんできます。

しかし、実は勧持品の冒頭に、なおこれまで「授記作仏」が与えられなかった方々への授与が示されているのです。すなわちブッダの育ての母親であった摩訶波闍波提比丘尼《まかはじゃはだいびくに》に対してと、そしてかつての夫人耶輸陀羅比丘尼《やしゅだらびくに》に対してとでありました。なんと、最も身近といってよいこのお二人には、ほとんど最後といっていい段階になってから授記作仏の保証をあきらかにされたのです。

ブッダの教えは、いわば近きより遠きに次第に及ぼされました。

その反面、将来成仏の保証ということに関しては、厳しい修行の現実を重視して、近親者は後回しです。そこにブッダの宏遠な大慈悲の心を見る思いがします。

17 柔和ですべてをゆるすブッダの衣《ころも》につつまれて

ブッダの心と真理とは、次の言葉に言い尽くされます。


「如来《にょらい》の室《しつ》とは、一切衆生の中の大慈悲心《だいじひしん》これなり。

如来の衣《ころも》とは、柔和忍辱《にゅうわにんにく》の心これなり。

如来の座《ざ》とは、一切法空《いっさいほうくう》これなり。」


『法華経』は人びとと共に仏法を生きる道を指し示しています。

高度な教えの境地が、即座にそれを理解することのできる人にだけ納得されたのでは、導きの範囲が狭くなります。

「あなた方、仏道修行を志す修行者は、すべて皆、菩薩の道を歩んでいるのだ！」とあきらかにされたブッダは、前回の授学無学人記品《じゅがくむがくにんきほん》第九まで、上根《じょうこん》・中根《ちゅうこん》・下根《げこん》のお弟子たち、それぞれにその意味を語りかけてきました。

そして、今回の法師品《ほっしほん》第十からは、その教えが後々までも広く伝えられていくことがあきらかにされていきます。

初めに掲げた経文は、「衣《え》・座《ざ》・室《しつ》の三軌《さんき》」と通称されて、菩薩の道を実践する心構えとして重要視されています。菩薩の道を求める修行者は、如来の部屋に入り、如来の衣服をわが身に頂戴し、如来の坐《すわ》られる場所に安住する心で臨まねばならない、というほどの意味となりましょうか。

まず第一に、「如来の室に入る」とは、「大いなる慈悲をもって、あらゆる人びとを導くブッダの恵み」を汲み取り、修行者はブッダの御心《みこころ》を分かち与えていただかなければならない、という心構えです。

第二に、「如来の衣《ころも》」をわが身に分け頂くことです。如来の心は柔和で、苦悩に満ちた人びとの思いをやわらかく受けとめられます。人びとが恥辱《ちじょく》として怒ってしまうようなことをも、やさしく受けとめるという徹底した寛容さを持っていることを示されます。その裕《ゆた》かなお心を「如来の衣」として、修行者はわが身にまとわねばなりません。

第三に、ブッダが端然として坐って居られる「如来の座」を思わねばなりません。すべてを許容し、静かに「お悟り」を現すそのお姿は、人びとを圧倒する不思議な力を具えて居られます。それはなぜかといえば、ブッダが「一切法空《いっさいほうくう》」の境地に安住して居られるからです。

高原で水を求めることは可能か？

仏道を求める修行者は、誰でもブッダの御心を求めることが可能であるか？　という問題は永遠の課題でしょう。算数の問いと答えのような簡単な段階ではありません。

人として「生きる」ということは、どういうことなのか？　昔々のギリシャの哲学者の設問のようなことを、なぜここにかかげるのですか？　と思われるかもしれません。でも「生きる」意味を求めるさまざまな試みは、人の生があるかぎり永久に求め続けられることでしょう。なぜなら、その問いは自分の存在を確かめることにあるからです。

ブッダは、ブッダガヤの菩提樹《ぼだいじゅ》の下で〈お悟り〉を開きました。私たちは、その後のブッダのお説法が自然に行なわれたと思ってしまいます。

しかし、実はいろいろと考えに考えをめぐらせて、やがて〈お悟り〉の世界を伝える使命を果たさねばならないという結論に至ったのだそうです。

武蔵野《むさしの》の堀《ほり》がねの井も有るものを
　嬉《うれ》しくも水の近づきにける
　　　皇太后宮大夫俊成（千載和歌集）

武蔵野とは、広々していて一日ではとても野を見尽くすことができないという意味。そこに水を求めて井戸を掘りかけていたところ、嬉しいことに水が出る段階に近づいてきた、というほどの意味でしょうか。うまく水の道筋にあたると、水が涌き出てきます。

逆に水の道からはずれると、水を得ることができません。この和歌は、法師品の趣旨をあきらかにするために、わが国に親しい広々とした野原で、水を得ることができたのに因んで、それと同様に凡人が自分の心身に仏性《ぶっしょう》を確かめた喜びを謳いあげているのです。

ブッダの導きは『法華経』の段階になると、抽象的な論理を大切にしながら、人が生きる意味を具体的に説き明かします。さらに「衣《え》・座《ざ》・室《しつ》の三軌《さんき》」をあきらかにした後で、「人は誰でもブッダの〈お悟り〉に至る仏性をその心に宿している」ことを、水を求めることも得難い高原であっても、大地を掘り進んでいけば、必ず水に出会うという譬喩によって、そのことを納得させようとするのです。

法師品では高原で水を求めることの困難さを説き、それでも深く掘り下げていくと、かならずだんだんと湿り気を知り、やがて水に到達することができることをあきらかにしています。

ただ、凡人はその途中で失望し、掘り進めることを断念してしまうのです。でも、その絶望的な段階を乗り越えて掘り進んでいかねばならないのです。

そしてまた、ブッダが肉体の死を現したのち、仏法を受持することが困難な時代に、「よく、ひそかにただ一人の人のためであっても、法華経の一句を説いたならば、これを行なった人は如来から派遣された弟子として、如来の導きを実現する者なのである」ことをあきらかにするのです。

法師とは、命に目覚める者が、自分のなかで真理を求めて格闘するだけなく、求めることのできた〈法（ダルマ）〉の世界について、一文一句《いちもんいっく》であっても、自分の確信する範囲内において、人びとにそれを語りかける姿なのです。

18

多《た》宝塔《ほうとう》が空中にとどまりブッダが多宝如来に招かれ坐す

「善哉善哉《ぜんざいぜんざい》　釈迦牟尼世尊《しゃかむにせそん》。
能《よ》く平等大慧《びょうどうだいえ》・教菩薩法《きょうぼさっぽう》・仏所護念《ぶっしょごねん》の
妙法華経を以て大衆《だいしゅ》のために説きたもう。
是《かく》のごとし、是のごとし。
釈迦牟尼世尊所説《しょせつ》のごときは皆是真実《これしんじつ》なり」。

大乗仏典には不思議な光景が描かれています。『法華経』見宝塔品第十一では、突然に大地が震い裂けて「多宝塔」が現れたと思うと、そのまま空中高く上って行き、空中にとどまってしまった光景が描かれます。多宝塔のなかの多宝如来は、お釈迦さま（ブッダ）を多宝塔のなかにお招きし、隣に並んでお坐りになります。多宝如来から発せられた言葉の意味を聞きましょう。

「よきかな！　よきかな！　教主ブッダさま。よく、〈平等にして大いなるブッダの智慧〉〈菩薩を導く素晴らしい法〉〈ブッダが衆生への護念を内包する〉『妙法蓮華経』を、広く人びとにお説きくださいました。教主ブッダがお説きになった『妙法蓮華経』は、その全容が真実なのであります」。

こうして、王舎城を囲む山のひとつである霊鷲山《りょうじゅせん》の地上で行われていた『法華経』説法の場所は、あっという間に「空中」高くに移動したのです。

なぜ多宝塔が出現したのか。

実は『法華経』が真実の教えとして説き明かされた時には多宝如来が「皆是れ真実なり」と証明することを誓われたからなのです。

「誓う」ことを、「願《がん》を立てる」「本願《ほんがん》を誓う」などと申しますが、多宝如来は「本願をもってのゆえに」現れ、教主ブッダを多宝塔のなかにお招きしたのでした。さらに人びとが多宝如来にお目にかかりたいと願ったので説法の座が霊鷲山の地上から、虚空に移されたのでした。

このような不思議な光景を説く意味を問いましょう。大乗経典では、私たちの想像できないあらゆる世界にもブッダが在《いま》します様子を説いています。私たちは、いつも目の前の事だけで考えてしまいがちです。けれども、宇宙の果てのあらゆる場所にもブッダの輝きとその教えとが遍満していることが説かれるのです。東方の遥かなる薬師《やくし》如来の瑠璃光浄《るりこうじょう》土《ど》や、西方百万億土の阿弥陀《あみだ》如来の極楽浄土《ごくらくじょうど》が広く信奉されていることを思い起こします。ともかく、こうして『法華経』の教えが広く宇宙法界の隅々にまで及んでいることが宣言されたのです。それは単に空間的普遍性だけでなく、時間的にも過去・現在・未来に一貫することをあきらかにするものでした。すなわち、『法華経』後半の掉尾《ちょうび》である如来寿《にょらいじゅ》量品《りょうほん》第十六において久遠《くおん》のブッダの教導が示される契機《けいき》もここに淵源《えんげん》しているのです。

この経はたもち難し暫らくもたもつ者あれば歓喜す

過去・現在・未来という時系列のなかで、ブッダが入滅なさってから時間が経過するにつれ、人びとの真理への感性が鈍感になっていくことを『法華経』は見通します。時代は末世へと進んで行くのです。「末法《まっぽう》」という言葉を聞いたことがあるかと思いますが、たしかに「教え」は存在するが、それを行じ、体現する修行者がいなくなり、ついには理解することも困難な状態になると警告します。

「この経を信奉することはむずかしい」という言葉が繰り返されるのは、そうした状況のなかで指針を確かめ、真理を見失わず、その教えに生きることの困難さへの警告です。

ブッダの時代から見れば、現代社会は確かに恵まれています。ですが、一年間に二万人を超える自殺者があり、若年層による殺人や高齢者を狙った詐欺事件が多くなっている状況を顧《かえり》みると、「末法」という言葉の重みを感じます。

具体的に悪世において『法華経』を信奉することの困難さとして、以下の事項が挙げられております。

(1)この経を説くこと。
(2)自らたもち、人に書写《しょしゃ》させること。

(3)この経を読誦《どくじゅ》すること。
(4)この経をたもち、一人のためであれ説くこと。
(5)この経を聴いてその趣旨を問うこと。
(6)以上のようにこの経をたもつこと。

そして一般に困難と思われている「九つの例」を挙げて、それよりも難しいことだと強調するのです。その九例とは以下の通りです。

①あらゆる経典《きょうてん》を読み尽くすこと。
②須弥山《しゅみせん》をちぎって他の国土に投げること。
③足の指で世界を遠くの他国に投げること。
④有頂天《うちょうてん》という場所で無量の経典を説くこと。
⑤虚空《こくう》のなかで遊行《ゆぎょう》すること。
⑥大地を足の爪《つめ》に乗せて梵天《ぼんてん》に昇ること。

⑦世界を焼き尽くす劫火《ごうか》の中を乾燥した草を背負って駆け抜けること。
⑧仏教の八万四千の法蔵《ほうぞう》と十二部経《じゅうにぶきょう》をすべて演説し、聴聞者《ちょうもんしゃ》に六神通《ろくじんずう》を体得させること。
⑨ガンジス河の沙《すな》ほどの多くの衆生に小乗の聖者の悟りと六種の神通力《じんずうりき》を得させること。

なぜこのように『法華経』信奉の困難さを強調するのでしょうか？

それは先程述べた「悪世《あくせ》」「末法《まっぽう》」への厳しい認識と警告の為であろうと思われます。

私たちは今、日毎に進展する科学の恩恵を蒙り、スイッチさえ入れておけば自動的に機械が働いてくれる便利さを享受しています。宇宙の果てのことが誰の眼でも見られるようになりつつあります。有り難いことです。

でも、自分自身が真理への畏敬《いけい》に目覚《めざ》めることを忘れたならば、ほんとうに生きる充足感を喪《うしな》ってしまいます。

そしてさらに、本当の真理に目覚めようとすると、それは非常に困難なことであることを知るのです。

19
「悪人・女人」の成仏をあきらかにする教え

平安時代には、写経が盛んでしたが、とくに『法華経』の写経が隆盛をきわめました。今日の私たちが時間の余裕をみて行なう「写経」とは、はるかにレベルが違います。まず永久に保存されるように、特別に材料を選び綿密な手法で漉《す》いてもらいます。その紙に、上等な筆や墨を用意し、名筆家として名高い書家に筆写を依頼します。墨色だけでなく、料紙《りょうし》の上下や経巻の見開《みひら》き（巻を開いて最初の部分）や上下などに絵を描きます。

こうした隅々にまでこまやかな工夫を凝らした写経を〈装飾経《そうしょくきょう》〉とよびます。おおいに流行した『法華経』の〈装飾経〉二十八巻のなかでも、最も力がこめられたのが提婆達多品《だいばだったほん》第十二でした。

著名な『平家納経』は一一六四（長寛二）年に、平清盛の発願によって奉納され、今日厳島《いつくしま》神社に伝えられていますが、なかでも特に提婆達多品は力のこもっていることを実感します。そのように立派に制作された背景には、女人成仏の願いが熱心に込められているのです。

「女人成仏《にょにんじょうぶつ》」の教えがいかに当時の女性にとって魅力的であったのか。今日のわれわれには想像もつかないことだと思います。

どんな悪人も救われる教え

しかし、提婆達多品の前半の主題は「悪人成仏」です。

つまり、『法華経』は「女人成仏」の経典と受け取られていましたが、実は「悪人・女人の成仏」が説かれているのです。

「ときに王、仙《せん》の言《ことば》を聞いて心に大喜悦《だいきえつ》を生じ、すなわち仙人にしたがって所須《しょしゅ》を供給《くきゅう》し、薪《たきぎ》および果《このみ》・蓏《くさのみ》を採《と》って、時に供敬《くきょう》して与《あた》えき。情《こころ》に妙法を存《そん》せるがゆえに身心懈倦《けけん》なかりき」。

「(お釈迦さま＝ブッダが、想像を絶する遥かなる過去の世において、この世の道理を超えた真理の道を求めて、仙人から指導を受けておりました。)そうした時に、王は仙人の言葉を聞いて大いなる悦びの心に満たされました。そして身命を投げうって一心不乱に修行の道にいそしんだのです。すなわち、仙人が道を求めて歩むのに必要なものすべてを用意し、薪や木の実(果実)や野菜などを採集して、必要なときにさしあげました。すなわち、修行者の心得として、「想像を絶するすばらしい教え(妙《たえ》なる法)」を求めつづけて居られたから、身にも心にも苦痛を感じることがなく、ひたすら一心に精進したのでした」。

菜摘《なつ》み水汲《みずく》み仕《つか》えてぞ得し

大僧正行基《ぎょうき》という方は、奈良時代に民衆のなかに入って仏教を弘めた方でした。その名が有名になったのは、聖武天皇《しょうむてんのう》・光明皇后《こうみょうこうごう》が奈良東大寺の大仏殿建立を発願し、その国家的大事業を完成させるために、行基に協力を要請したことによります。その尽力によって多くの人びとの力が結集され、天皇の発願が成就し、行基の功績に対して大僧正の位が贈られ〝菩薩〟とよばれました。その行基菩薩の作という和歌が伝えられます。

法華経をわが得しことは薪《たきぎ》こり
　菜《な》つみ水汲《みずく》みつかえてぞ得し
　　　大僧正行基（拾遺和歌集）

「法華経の教えに生き、法華経の教えを心身に体得することができたのは、提婆達多品に示されているように、遥かなる昔に、薪を用意したり、野菜を栽培したり、水汲みをしたりして、仙人に仕えて菩薩の道を求められたブッダの御修行時代の教えに学んだからなのである」。

この和歌は、比叡山《ひえいざん》や浅草寺《せんそうじ》などで「法華《ほっけ》八講《はっこう》」が行なわれるときに、問答のなかで朗詠され、今日に至るまで、『法華経』提婆達多品の教えが偲《しの》ばれているのです。

さて、提婆達多《だいばだった》はもともとブッダの従兄弟《いとこ》であったといいます。

しかし、子どもの頃から何をやってもブッダ（幼名はシッダールタ）を超えることは出来ないのでした。

さらにブッダは、世俗の世界を乗り越えて、偉大なる覚醒《かくせい》（真理にめざめること）の境地を体現なさいました。

それを見て、提婆達多がさらに嫉妬心を起こし、「自分こそほんとうの〝サトリ〟を得た者である」と誇称《こしょう》して、ブッダの教えにあらゆる妨害を加えたのでした。その結果、提婆達多は永久に地獄から抜け出ることが出来ない者、最大の悪人として非難しつづけられる存在となってしまったのです。

「一切衆生悉有仏性《いっさいしゅじょうしつうぶっしょう》」（すべての者に、ことごとくブッダとなる可能性が内在する）と説く仏教ですが許すことの出来ない悪逆の者とされました。

ところがこの『法華経』において、提婆達多も心を入れ替えて一心に精進修行することによって、最終的にブッダの境地に進むことができるとして、「授記作仏《じゅきさぶつ》」が説かれたのがこの提婆達多品なのです。

その理由は、ブッダが国王の位を捨てて仏道を求めて一心に精進したときの師（指導者＝先生）であった仙人こそ、提婆達多の前生の姿であったからなのです。

直訳的に言うならば「提婆達多の前生であった仙人が、ブッダの前生の時の師（先生）であった」から、その功徳によって、提婆達多は遥かなる未来に向かって一生懸命に仏道を修行するならば、かならずブッダの境地に到達することが示されているのです。

20 「女人成仏」の祈り

写経の隆盛に圧倒される

〝装飾経《そうしょくきょう》〟とよばれる、平安貴族の華麗な「写経《しゃきょう》」には圧倒されます。わけても提婆達多品《だいばだったほん》第十二は、その後半で「竜王のわずか八歳の娘」が成仏したありさまが説かれているところから、「女人成仏」の経典として人気が高かったのでした。

『平家納経《へいけのうきょう》』は巻首に美麗な絵が配され、すみずみまで美術工芸の粋が駆使されている絶品です。その保存には細心の注意が払われ、展示される際にも一部しか展観されません。明るい光をあてないようにしているので思ったより小ぶりで、黒っぽく見えます。却ってレプリカの方が明るく描かれた当時の感じを汲み取れるような気がします。

『平家納経』より百五十年程前（西暦一千年頃）、藤原道長は『法華経』二十八品を書写させ、「法華経三十講」など『法華経』を讃歎《さんたん》する講会《こうえ》を開きました。源氏物語の著者、紫式部は道長に五月五日の日に招かれて提婆達多品の説法を聴聞し、その感激を和歌に詠んで、道長に献上しました。

たへ（妙）なりや今日は五月《さつき》の五日《いつか》とて
　いつ（五）つの巻きのあへる御法《みのり》も
　　紫式部（紫式部集）

「まことに感激いたしました。今日五月五日の講会に参上して、『法華経』第五巻に収められている提婆達多品の女人成仏の教えを聴聞《ちょうもん》し、ほんとうに心の底から有り難く、感激しました」。

女人成仏の思いがこれほどまでに感激して語られるのはどうしてなのでしょうか？　その背後には、女性は悟りへの導きから遠いという思いがとてもつよかったのでしょう。

もっとも、前回述べたように、提婆達多品の前半には男性の罪深さが説かれているのですが、どうやら仏教における最大の悪人である「提婆達多」の成仏が説かれていても男性たちは自己の罪深さに思いが及ばなかったのかも知れません。

それにひきかえ、女性たちには「救われて成仏を果たしたい！」という思いがつよかったのでしょう。そうした思いは現代とは無縁のように言われがちですが、今も心の奥深く潜んでいる大事なことと思われます。

竜王の幼い娘の成仏の姿を目のあたりにする説法

大乗経典には、目の前のことでなく、遥か彼方の世界に及ぶ仏法のめぐみが説かれております。

提婆達多品の前半は、つぎの経文で結ばれています。

「未来の世に善男子《ぜんなんし》・善女人《ぜんにょにん》が法華経を聴聞して、疑惑を生じることがないならば十方のブッダの前に生まれて、いつでもこの法華経の教えを聞くこととなろう。

もし、人間や天上《てんじょう》に生まれるならば、素晴らしい境地につつまれ、もしブッダの前に在るならば、蓮華《れんげ》につつまれて、悟りの境地に生まれ変わるであろう」。

東方の世界から法華経説法の座に出現なさった多宝如来とともに随侍《ずいじ》してきた智積《ちしゃく》菩薩が、ブッダにこれから本土に帰るご挨拶をしようとすると「ちょっと待ちなさい」と引き止められて、「わが弟子の文殊師利《もんじゅしり》と語り合いなさい」と言われます。

すると、(智慧にすぐれた) 文殊師利菩薩が数多くの立派な蓮華に坐して、大海の娑竭《しゃか》羅《ら》竜宮《りゅうぐう》から目の前に現れたのです。智積菩薩はおどろいて「文殊師利さま! 竜宮で導いた人の数は、さぞかし数えきれないのでしょうね!」と質問します。文殊師利は「数えきれないし、説明することも困難である」と答えます。すると目の前で菩薩たちが、身に備えてきた六波羅蜜《ろくはらみつ》を説き、声聞《しょうもん》らは空《くう》の教えを語ります。そのような竜宮での教化を、智積菩薩は「大智徳《だいちとく》、勇健《ゆうごん》にして無量の衆を化度《けど》せり」と讃《たた》えます。さらに「もし人びとが一心に仏道を求めて精進すれば、深い境地に到達することができるでしょうか?」と質問します。

文殊師利が、「娑竭羅竜王の息女は、わずかに八歳であったが、智慧にすぐれ、人びとの行の心を知り、ブッダの奥義を体得した」などと、その様子を詳しく語ります。

智積菩薩は感激しながらも、「無量劫《むりょうこう》の難行苦行《なんぎょうくぎょう》により、功《こう》を積《つ》み徳《とく》をかさね、身命《しんみょう》を捨ててこそ菩提の道を得ることができるのではありませんか？ それなのに、八歳の竜王の息女が正覚《しょうがく》（悟り）を得るということは信じられません」と申し上げるのです。

その言葉が終わらないうちに、竜王の息女が仏道を成就した姿を現すのです。

ここで、ブッダの弟子のなかで智慧第一と尊敬される舎利弗尊者が、智積菩薩の問いにつづいて「女身《にょしん》は煩悩《ぼんのう》深く法《おしえ》を受け入れる器《うつわ》ではないと言われているではないですか？ 具体的には五つの障害、すなわち①梵天王《ぼんてんのう》にも②帝釈《たいしゃく》にも③魔王《まおう》にも④転輪聖王《てんりんじょうおう》にもなれず、⑤まして仏身《ぶっしん》を成《じょう》ずることができないとされているのではないですか？」と問います。

すると竜女は「私が宝珠《ほうじゅ》をさしあげると、ブッダが受け取ってくださる。その瞬間よりも、私が仏身を成就《じょうじゅ》するほうが速いですよ！」といって、その姿を現します。

この様子を見て娑婆《しゃば》世界のすべての仏道修行者が感激し、無量の衆生は菩提心《ぼだいしん》を起こし、智積菩薩も舎利弗尊者も黙って首肯《うなず》いたと経文が結ばれるのです。

このようにして、悟りの境地に引き入れられることは自分たちには縁遠いとあきらめて嘆いていた人びと、特に女人に対して、人は誰でも仏道成就の誓願《せいがん》を起こし、精進を怠らなければ、かならず仏道を成就することができることが説き明かされたのです。そしてこの提婆達多品で示された教えによって、人びと、とりわけ女人たちが仏道成就の教えに感激を共有するに至ったのです。

21

他土《たど》の勧進流通《かんじんるずう》を誓う菩薩たち

「ただ願わくは世尊、以て慮《うらおもい》したまうべからず。我等、仏滅後において、まさに此の経典を奉持《ぶじ》し、読誦し説きたてまつるべし」。

「ブッダに申し上げます。ただ願わくは決して憂慮《ゆうりょ》なさいませんように！

私たちはブッダが御入滅になられた後においても、かならずこの経典を捧げたもち、読誦《どくじゅ》し、説きつづけてまいりますから……」。

法師品第十からは、一貫してこの法華経が人びとに伝えられていくことの願いが展開しております。今日、〝流通《りゅうつう》〟ということが人類の歴史を激しく転換させているようです。

それとは少々異《こと》なりますが、『法華経』はこの経典が広く人びとに伝えられ、救いを与えられることを主眼としております。そうした内容が強調され、法師品《ほっしほん》以降は「流通分《るずうぶん》」と位置づけされています。

世に広められる際には、かならず困難が伴います。それを乗り越えて、『法華経』をしっかりと捧持していくことが讃えられているのが、「勧持品《かんじほん》」という題名の直訳となりましょう。岩波文庫版『法華経』のうち、サンスクリット語からの訳の部分が「絶《た》えざる努力」とされているのも、この意味に通じるものでしょう。

ブッダの叔母たちに女人成仏の授記《じゅき》が示される

「世尊導師《せそんどうし》、天人を安穏ならしめたまう。我等、記《き》を聞きて心安く具足《ぐそく》しぬ」。

「世に尊ばれる導きの師は、神々やあまねく衆生をして安穏ならしめたまいます。ブッダがわれらに将来成仏の保証をくださるのを拝聴して、心に平安を確かめました」。

前回において、提婆達多品《だいばだったほん》第十二で示された教えによって人びと、とりわけ女人たちが仏道成就の教えに感激を共有するに至ったことを紹介しました。ブッダは、これまで、仏道成就《ぶつどうじょうじゅ》には程遠いと嘆いている弟子たちに、順を追って、未来にむかって仏道を行じつづけるならば、かならずブッダの境位《きょうい》に到達する事ができると約束なさいました。

ところが、ブッダを養育なさった姨母《いも》（母方の叔母で悉多《しった》太子＝シッダールタの養母）をはじめ、身近な肉親にはなかなか将来に成仏を遂げることの約束をなさいませんでした。それは、男性についても一貫していて、いちばん身近な悉多太子の長子であるラーフラ（羅睺羅《らごら》）や、従兄弟にあたり、いつもブッダのお側近くに随侍していたアーナンダ（阿難尊者）に将来成仏の保証を授記《じゅき》したのはいちばん最後でした。つまり、いろいろな仏弟子への将来成仏授記が終わった最後に、授学無学人記品《じゅがくむがくにんきほん》第九でそのことをあきらかにしたのでした。

というわけで、提婆達多品においてわずかに八歳の竜王の娘に女人成仏《にょにんじょうぶつ》の授記《じゅき》をなさったというのに、なんということでしょう！　身近な女性修行者たちには、女人成仏の授記を言葉になさらないのでした。

一般的には、勧持品第十三といえば次回に述べるように、「勧持品二十行の偈《げ》」に説かれるブッダ入滅後の法華経行者の弘教《ぐきょう》の困難についての教説が有名です。

しかし、実は勧持品の前半は、前回の提婆達多品を承《う》けて女人成仏が説かれるのです。

何がゆえに、憂いの色で如来を視るのか？

勧持品の最初に、この『法華経』をブッダ入滅後《にゅうめつご》の未来の衆生の燈《ともしび》とせよ！　と説かれたのちに、母系の叔母、今は出家してブッダの導きにしたがって修行を共にしている摩訶《まか》波闍波提比丘尼《はじゃはだいびくに》は、学無学の六千人の比丘尼と共に立ち上がり、ブッダの尊いお姿を仰ぎ見上げました。

それに気づいたブッダは、弥勒《みろく》菩薩にむかって次のように語るのでした。

「摩訶波闍波提比丘尼は、なぜ憂いを隠して如来を見上げるのであろうか。

もしや、きちんと自分の名を挙げて将来に仏道を完成すると授記されていないのを気がかりにしているのであろうか。

弥勒菩薩よ！　われはすべての声聞とよばれる仏道修行者に将来成仏の授記を既に宣言しているのである。今、比丘尼たちが個別的に将来成仏の姿を知りたいとの願いに応《こた》えて、摩訶波闍波提比丘尼は将来の世に大法師《だいほっし》となり、それに従う六千人の比丘尼も法師となり、だんだんと菩薩の道を身に具《そな》えて、等《ひと》しく〈一切衆生喜見如来《いっさいしゅじょうきけんにょらい》〉となることを宣言するものである」。


摩訶波闍波提比丘尼は、サンスクリット語（マハー・プラジャーパティー）の音写語です。「大愛道」「大往生」という意味。悉多太子の母・マーヤー夫人の妹で、マーヤー夫人の死後、太子を養育し、後に出家して仏教教団最初の比丘尼となった方です。

摩訶波闍波提比丘尼への授記につづいて、羅睺羅（ラーフラ）の母、ヤショーダラー、漢訳『妙法蓮華経』では耶輸陀羅比丘尼《やしゅだらびくに》にも、「百千万億の諸仏の法にめぐりあって、菩薩の行を修行し、大法師となり、やがて仏道を体現して、具足千万光相如来《ぐそくせんまんこうそうにょらい》と名づけられることとなろう」と授記されるのでした。

もちろん、比丘尼に従っていた修行尼のすべてが同様の名を授けられるというのです。その授与記を受けた悦びは、いかばかりであったことでしょうか。その悦びを摩訶波闍波提比丘尼と耶輸陀羅比丘尼、そしてそれに従う比丘尼が声をそろえてブッダに申し上げたのが、最初にかかげた言葉なのです。

22

逆境を堪え忍んで法華経を説く菩薩たちの誓い

「仏の滅度《めつど》の後《のち》の、恐怖悪世《くふあくせ》の中に於いて、
我等まさに広く説くべし。
諸の無智の人の、悪口罵詈《あっくめり》等《とう》し、
および刀杖《とうじょう》を加える者あらん。
我等皆まさに忍《しの》ぶべし」。

「ブッダが入滅なされた後に、悪いことが横行して恐怖が広がる悪い社会が来るであろうが、我等菩薩たちはそれを恐れずに仏法を説くことを誓うものであります。

もろもろの無智の人から、悪口を言われ、罵詈讒謗《ばりざんぼう》を浴びせられたり、刀剣や杖で襲われることもありましょうが、けれども私たちはそれらの苦難を耐え忍んで仏法を説き

続けることを誓います」。

仏教というと、多くの方は人里離れた静かな環境のなかに立つお寺をイメージするかも知れません。それゆえにまた、都市の喧騒《けんそう》の中にある寺院には理想的な姿を感じられないという思いがあるかも知れません。僧侶はいつも静寂ななかで道を求めるものだというイメージがつよいかも知れません。

とはいえ、最近はテレビなどで仏教の辿った道の現実が報道されて、仏教の歴史を知る方も多くなっているかと思うのですが……。

『法華経』は仏教の奥深い教義を現実の社会のなかで担っていく姿勢が基本になっておりますので、古代社会の様子が偲ばれる表現がほのかに感じられるところがあります。

勧持品《かんじほん》第十三の後半には、時代を経て『法華経』を弘めようとする菩薩にも、それを妨害する者があらわれるであろうことを、当の菩薩たちが覚悟することがあきらかにされています。そして、ブッダに「ただ願わくは苦難に遭うことを御心配なさらないでください。ブッダが御入滅なされた後の悪世において、私たち菩薩は広く仏法を弘めます」と誓っているのです。

それでは具体的にどのような妨害者が現れるのかという点について、三種類の人を挙げております。

第一には、邪見《じゃけん》の人です。もろもろの無智の人が『法華経』を弘める菩薩に対して悪口を浴びせたり、刀剣で切り付けたり、杖で撲《なぐ》ったりすることがあるというのです。菩薩たちはその当事者としてこれらの暴行を堪え忍ぶ決意を表明しているのです。

第二には、道門増上慢《どうもんぞうじょうまん》といって仏教教団内部からの圧迫があるというのです。道門とは仏教の歩みを求める門のなかに生きる者。増上慢とは、それにもかかわらず、思い上りをしている者という意味です。すなわち僧はすぐれた智慧を持っているはずなのに、悪世において、邪《よこしま》な智慧に迷い、他人にへつらって自分の心を曲げる者がいるというのです。また優れた悟りの境地に届いていないのにもかかわらず、すでに高位の悟りを得たと思い込み、おのれをたのむ慢心の心で満たされていると批判されます。

第三に、静寂な境地の僧院《そういん》に住し、伝統どおりの僧衣を身にまとい、真の道を行なっていることに自信満々で、普通の人間を軽く見たり、賤しんだりする者があるであろうことをあきらかにします。

迫害に耐えて仏教を弘めるそのさまざまな営みを思う

法を説いて迫害を受けるというイメージはキリスト教やイスラム教にしばしば描かれますが、東洋の風土に根ざした仏教ではあまり強調されることが少ないように思われます。『法華経』を詠んだ和歌は多くを数え、釈教歌《しゃっきょうか》、法門歌《ほうもんか》などとして知られています。殊に平安時代の文芸を背景にしたそれらの和歌はよく知られていますが、実はそれらのなかに今の第一から第三までの法難を堪え忍ぶ姿勢を強調している和歌は見当たらないように思われます。

『法華経』勧持品の経文などについては、むしろ内村鑑三先生の『代表的日本人』のなかに収められている「日蓮」の伝記において高く評価されております。実は日本の仏教諸宗派においても、艱難辛苦《かんなんしんく》をくぐり抜けて人生を全うした僧がおおぜい居られるのですが、その際にも今の経文がひきあいに出されることはほとんどないようです。そこに日本人の社会意識を背景とする、美意識が投影されているのかも知れません。

そうした意味で、法華経の行者《ぎょうじゃ》の認識に立たれた日蓮聖人は特異な存在といえましょう。その受難意識は門下にも引き継がれていきます。数多い受難の一例として知られているのは、室町時代にほぼ六十歳で天台宗から転じて日蓮聖人の系譜を引き継ぐことに目覚めた日什《にちじゅう》が、日蓮聖人の教えを用いるように足利幕府の将軍に直訴《じきそ》した例があります。はるばる会津の地から京都に上り、将軍に直訴したのです。むろん師はたいへんな弾圧を受けます。

また、同じ室町時代の日親《にっしん》上人は日蓮聖人の『立正安国論《りっしょうあんこくろん》』になぞらえて『立正治国論《りっしょうちこくろん》』を著《あらわ》し、諫暁《かんぎょう》の精神で将軍に直訴し捕えられて縦横一・五メートルの籠のなかに数十人も押し込められるという刑罰に耐え、挙句の果ては熱した鍋を頭に被《かぶ》せられたと伝えられます。

ふりかえれば、いつの世でも容認されることがないという苦しみに堪え忍び、その苦況を乗り越える人生があります。日本経済新聞の「私の履歴書」などのエッセイを読みますと、それぞれの苦闘の歴史に感動します。

最初にかかげた経文は、他の世界から来た菩薩の誓願の思いを描いたものであります。

〈どのような困難があっても、末法という希望のない時代において仏法を伝えます〉という熱い願いに生きる菩薩の誓願《せいがん》の世界がここに描かれていると言えましょう。

23
世相が悪い時代に仏道を生きる四つの道

大誓願《だいせいがん》を発《おこ》す。後《のち》の悪世《あくせ》に於いて、この法華経を護持《ごじ》し、読誦《どくじゅ》し、説《と》かん。……
後《のち》の悪世《あくせ》に於いて、いかにして能《よ》くこの経を説《と》かん。

文殊師利菩薩《もんじゅしりぼさつ》がブッダに申し上げます。「もろもろの菩薩が〝世相が悪い世の中で法華経をたもち、読誦し、説法する〟という大いなる誓願を立てております。世相の悪い世では、どのようにして法華経を説いたらよろしいのでしょうか」。

安楽行品第十四《あんらくぎょうほん》には「四安楽行《しあんらくぎょう》」が説かれます。「四安楽行」とは、菩薩が末法の世において『法華経』の教えを求めていく指針として示される「身《しん》安楽行」「口《く》安楽行」「意《い》安楽行」「誓願《せいがん》安楽行」の教えです。

ふりかえると、前章の勧持品《かんじほん》第十三では、他の世界（他土《たど》）から来訪した菩薩たちが、ブッダの勧奨《かんしょう》を聞いて「私たちがブッダ入滅後の末法《まっぽう》の世に、この『法華経』を弘めたいと念願します」と誓いを立てたのに対して、その申し出を退けるという厳しい対応をなさいました。

つまり「君達には無理だよ！」と言われたのでした。その理由は、ブッダ入滅後の時代は悪い時代であって、邪見《じゃけん》の人や、道門《どうもん》にあって増上慢《ぞうじょうまん》なる者や、聖者《せいじゃ》を僭称《せんしょう》する増上慢なる者からの妨害を受け続けなければならない。そうした事態に耐えることは極めて困難であるから、よほど深い境地に達した菩薩でなければ、そうした時代の弘教《ぐきょう》は無理だと断言なさるのです。

それと比較して、安楽行品では、修行も浅く、初心の菩薩への戒めが示されているものと理解されています。

このような教義的な理解からすれば、安易な道と誤解されかねませんが、実はいざ具体的に自分が行動する規範として思い描いてみると、一つひとつの事項が実に困難であることに思い当たります。

ブッダが入滅なさって後の時代が悪くなった世の中にあって、真摯《しんし》に菩薩の道を求めて歩むにはどのような注意が必要であるかという点について、厳しい戒めが説かれているのです。

四つの安楽行を踏《ふ》み行なうことは可能か？

（一）には、菩薩の「行処《ぎょうしょ》」と「親近処《しんごんしょ》」についての戒めが示されています。「菩薩の行処」とは、菩薩の修行する場所についての戒めです。菩薩は柔和で善順な気持ちで行動し、諸法実相《しょほうじっそう》を観察しなければならないことが説かれます。

次に、「菩薩の親近処」とは、菩薩として近づいてよい場所、近づいてはならない場所についての戒めです。また国王・王子などの権力者や、よこしまな思想家、心を惑わすさまざまな戯《たわむ》れなどの、仏道修行に障害となるものをすべて遠ざけねばならない。と、「身《み》の安楽行」が説かれるのです。

（二）には、菩薩は常に安穏であることを願って法を説きなさい！……清らかな衣を着用して、身も心も清らかに、法座に安住して人びとの疑問に答えなさい。と、「口《くち》の安楽行」が説かれています。

（三）には、常に嫉妬《しっと》や怒りや邪偽《じゃぎ》の心を捨てて、ひたすら誠実な態度と柔和《にゅうわ》な心で修行を積み重ねなさい。と、「意《こころ》の安楽行」が説かれます。

（四）には、社会生活の中にありながら道を求める在家求道者《ざいけぐどうしゃ》、そして出家して道を求める僧のいずれもが、大慈《だいじ》（おおいなる慈《いつく》しみ）の心を起こしつづける誓願《せいがん》に生きる厳しい姿勢が「誓願《せいがん》安楽行」として求められます。

このように（一）身と（二）口と（三）意《こころ》について精進《しょうじん》の道を示した上で、（四）はてしなき誓願《せいがん》の道をつよく究明していくことが説かれます。これらはいずれも、心を堅くし、激しい求道の志をつよくしなければ、受け継ぐことのできない境地です。決して「安易な道」などではないのです。

そして（四）の誓願《せいがん》安楽行のなかで「髻中明珠《けいちゅうみょうじゅ》の喩え」が説かれます。「転輪聖王《てんりんじょうおう》」は強い力で悪を滅ぼし、平和をもたらします。しかも決して武力によって人を傷つけないことがあきらかにされます。いわば地上の理想の帝王のあり方が示されているのです。誰をも傷つけないで、しかも平和をもたらすことが称賛されております。

それに対して、「ブッダは、欲望にとらわれた三界《さんがい》のなかに泰然としてましますて大法王であり」「法をもって一切衆生を教化《きょうけ》する」ことが宣言されるのです。

その強い願いを継承する菩薩は、さながら賢聖《けんじょう》の軍《いくさ》が五陰魔《ごおんま》・煩悩魔《ぼんのうま》・死魔《しま》と闘い、大功勲をたてて三毒《さんどく》をほろぼす姿として描かれます。

五陰魔《ごおんま》とは、心身の構成要素による苦悩や心を乱す魔。煩悩魔《ぼんのうま》とは、人びとの心を惑乱させる煩悩の魔。死魔《しま》とは、生きる人間にとって究極的な苦悩である死の恐れです。

「四つの安楽行」を体得した菩薩はさまざまな苦の根源から解放され、人びとを囲む魔の網を突き破ったことがあきらかにされます。

その功績の偉大さを、（髪を頭上でたばねた）王のもとどりのなかに秘蔵する素晴らしい宝珠が授与されることに喩《たと》えます。この譬喩《ひゆ》が「髻中明珠の喩え」です。

近代の詩人・宮澤賢治は、病床で息を吐き息を吸うという、生の根源である呼吸が困難な状態と闘いました。その苦しみのなかで、苦からの解放、ほんとうの菩薩の境地を求め、この経文を心の支えとしました（『雨ニモマケズ手帳』八三頁）。

賢治は、ほんとうの救いを妨げる魔と闘いつづける真実の生の尊さを、この安楽行品の心を通じて、私たちによびかけております。

24 涌き出るように六万恒河沙《ごうがしゃ》の菩薩が出現する

『法華経』の前半の光景は、ブッダの周囲に仏弟子たちが従っている様子が描かれているといってよいでしょう。

菩提樹下《ぼだいじゅげ》で〈お悟り〉を開かれたブッダは、ガンジス河に沿《そ》って二百数十キロの道程をベナレス（ヴァーラーナシー）まで歩みます。そして鹿野園《ろくやおん》で最初の説法を五人にむかって行なったのでした。それからほぼ五十年の間、ブッダはひたすら各地でお説法を展開なさいました。

『法華経』の授学無学人記品《じゅがくむがくにんきほん》第九までは、いわばその延長上において、しかも仏弟子は、それぞれに自分に適した道筋で仏道修行を求めてきたことに沿って説法が展開されているといえましょう。

しかもそのなかで「仏弟子はすべて、菩薩行《ぼさつぎょう》を歩んでいるのである」「だから、自分自身でどう思おうと、かならずブッダの最終的な境地に向かっている道を歩んでいるのだ」ということを、「法説《ほっせつ》」として説き、「譬喩《ひゆ》」によって補強し、さらに「因縁《いんねん》」すなわちそれぞれの歩みの歴史との関係をあきらかにするという手法で、仏弟子たちが究極の教えを納得できるように説いておられるのです。

それが終わって、法師品第十からは、その教えを誰でも仏道修行を志す者が歩める道を「菩薩道《ぼさつどう》」への道として示しました。

さらに見宝塔品《けんほうとうほん》第十一からは、なんと説法の場所が、地上から虚空《こくう》（大空）に大転換しているのです。

なぜ、虚空でお説法が行なわれる必要があったのでしょうか？　それは『法華経』に集約される仏教の教えは、ただ狭い範囲の人びとにだけ有用なのではなく、広くさまざまな人びとの導きの教えであることがあきらかにされるためでした。現代の私たちは、広大な宇宙をイメージすることができますが、古代においてすでにブッダが十方《じっぽう》の世界において、それぞれ教化を展開しているというイメージが描かれていることに驚きを禁じ得ません。さらに空間的に四方八方《しほうはっぽう》に上下《じょうげ》を加えて、あらゆる方向にも限りない展望を示しています。

それに加えて、過去・現在・未来という時間の流れを展望しているのです。

この両者を綜合して、三世《さんぜ》・十方《じっぽう》の諸仏・諸菩薩の導きと仏道修行のありようが、見事に描かれていると言えましょう。


こうしたことなどを踏まえて、従地涌出品《じゅうじゆじゅっぽん》第十五に入ると、なんと地下から涌き出るようにつぎつぎと大勢の立派な菩薩が『法華経』が説法されている場に出現されたのです。その数、ガンジス河の沙《すな》の六万倍というのですから想像を絶します。

そんな譬喩的な表現が用いられるのも、ガンジス河の沙はヒマラヤから流れ落ちる沙であるために粒《つぶ》が大きいのだそうです。

久遠《くおん》の仏弟子の出現が説かれる

「善《よ》く菩薩の道を学して
世間の法に染《そ》まざること

蓮華《れんげ》の水に在《あ》るがごとし
地より涌出《ゆじゅつ》して
皆恭敬《くぎょう》の心を起こし
世尊の前に住せり
このこと思議《しぎ》し難《がた》し」。

「これらの菩薩たちは、菩薩道を徹底しており、世俗のならいに染まらない尊いお姿は
あたかも汚泥《おでい》の中にありながら、しかも清らかな蓮華を思わせるのでした。
そこに居合わせた人びとは皆、敬いの心を起こして、ブッダの前に安住したのでした。
それは想像を絶する光景でした」。

これらのあまりにも立派な菩薩たちが、深々とブッダの前に跪《ひざまず》き、最高の敬いの様子を示したので、さらに人びとは驚きました。

譬《たと》えて言うと、二十五歳の少壮の者が、髪白く皺《しわ》の容貌の百歳の人を指して「私の子で

ある」といい、子もまた「わが父です」というようなものだというようなものではありませんか？　というような光景であると、経文には述べられています。

すでにこれまでの『法華経』説法の段階でも、菩薩の在り方について述べられてきました。言うまでもないことですが、ブッダのお弟子たち、摩訶迦葉《まかかしょう》や舎利弗《しゃりほつ》や目連《もくれん》などといった方々は、素晴らしい仏道修行者であり、他の哲学者とも堂々とした対話を交わすことができました。

しかし、僧院のなかでの修行にとどまり、一定の自己完成に生きる姿勢などについての反省がおこり、そこに菩薩の生き方こそブッダの仏道求道の根源につらなるものであることが指摘されています。

そうして従前の仏弟子のあり方が「声聞《しょうもん》」「縁覚《えんがく》」として否定されて、「上《かみ》には菩提を求めるとともに、下《しも》には衆生を教化《きょうけ》する」（上求菩提《じょうぐぼだい》・下化衆生《げけしゅじょう》）とする「菩薩《ぼさつ》」の道が讃《たた》えられたのです。

ひらたく言えば、自己完成の境地に自己を閉ざすのではなく、いつも衆生と共に最高の〈お悟り〉の世界を求めることを共有していく仏道究明と具体的実践が命題とされる生き方と言えましょうか。

さて、ところが今の従地涌出品に出現した実に多数の、しかも立派な菩薩たちの存在はいったい何を意味するのか？　という疑問が起こりました。

「これほどの立派な菩薩たちを、ブッダはいったい、何時、何処で導かれたのか？」という疑問は、同時に「ブッダには私たちの知らなかった無限の世界があることを意味するものではないか？」という、根本的な疑問につらなるものだったのです。

こうして次の如来寿量品《にょらいじゅりょうほん》第十六への展開となるのです。

25

ブッダが自ら久遠の寿命をあきらかにする

前回の従地涌出品第十五《じゅうじゆじゅっぽん》で、大地から涌き出るようにブッダの久遠からの導きを受けた久遠《くおん》のお弟子たちが出現する光景が描かれました。

最初から『法華経』のお説教を聴聞《ちょうもん》していたお弟子方は、この光景に驚いて、ブッダにつぎのように質問します。

「お釈迦《しゃか》さまは、いったい、どこで、いつこれほどの立派なお弟子方を導き、教化《きょうけ》しておいでになったのですか?」と。

当然、起こるであろう疑問に対して、ブッダ自らその不思議の秘密をあきらかにするのが、今回の如来寿量品第十六《にょらいじゅりょうほん》の内容です。

すなわち、ブッダがインドの菩提樹《ぼだいじゅ》の下《もと》で〈お悟り〉を開かれたことは言うまでもありません。しかし、ブッダは実は無限の過去において〈正覚《しょうかく》＝お悟り〉を得て、それ以来

「無量無辺百千万億阿僧祇劫《むりょうむへんひゃくせんまんのくあそうぎこう》」という永い永い時間の間、衆生を導きつづけていることが次のように、あきらかにされるのです。

「われ、仏《ほとけ》を得てより来《このかた》、経《へ》たる所《ところ》の諸《もろもろ》の劫数《こうしゅ》無量百千万、億載阿僧祇《おくさいあそうぎ》なり。常に法を説きて、無数億《むしゅおく》の衆生を教化《きょうけ》して、仏道に入らしむ。爾《しか》しより来《このかた》、無量劫《むりょうこう》なり」。

「われブッダは、真理をさとって覚者《かくしゃ》となってから、無限の時間、衆生を導いてきた。無量百千万どころか、億《おく》・載《さい》・阿僧祇劫《あそうぎこう》という永遠の時間に及んでいるのである」。

このように、ブッダの導きが久遠《くおん》の過去から永遠の未来にまで一貫しているものであることを、その久遠《くおん》のブッダ御自身の口からあきらかにされているところに、この如来寿量品の格別の意義があるものとされ、重要視されております。

東洋の仏教は、仏性《ぶっしょう》の普遍《ふへん》を強調し、誰でもがブッダの境地に至ることができるとされています。しかしながら、一般に凡夫《ぼんぷ》とよばれる凡人が、その可能性を言われても縁遠い感じで終わってしまう恐れがあります。

それに対し、ブッダの存在をただ〝悟り〟を実現した覚者《かくしゃ》として一般化することに終始するのではなく、久遠《くおん》の往古《おうこ》から無限の未来まで、永遠の導きを示す仏身《ぶっしん》の全容をあきらかにし、その久遠の導きにめざめる意義が、この如来寿量品において説き明かされている意義をかみしめたいと思います。

すなわちその点から、衆生がブッダの導きを信じて、素直《すなお》で柔和《にゅうわ》な心になり、一心《いっしん》にブッダにお会いしたいと身命を惜しまないならば、ブッダは修行者と共に霊鷲山《りょうじゅせん》に姿を現すと説かれています。そのとき、霊鷲山は法界《ほっかい》の中心となっており、そこを中心として、同時に十方の世界のそれぞれの地に、ブッダはお姿を示すのだとも説かれているのです。

良医が心を乱した子どもを救うという「良医治子の譬喩」が説かれる

前に述べたように、法華経は譬喩が多く示される経典ですが、「法華経七つの譬喩《ひゆ》」のうちの最後が「良医治子《ろういじし》の譬喩《ひゆ》」です。

現代においても名医の評判記が報道されますが、古代においても名高い名医が伝えられます。ここでも名医の物語が説かれます。

名医が或る時、遠隔《えんかく》の地に診療に出かけます。ところがその留守中に、百人もの子ども達が毒薬を飲んでしまいました。名医にはなんと百人もの子どもが居たのでした。名医は驚いて帰国し、早速、毒薬のために心を乱した子ども達のために中和薬を調合します。五十人の子ども達はすぐさま薬を服用して本心を取り戻します。けれども、残る五十人は私たちにはいつでも名医の父がいるから大丈夫！　という気持ちで、薬を服用しません。そこでやむなく名医は再び遠隔の地に出かけ、そこから「父死す！」と通報させます。さすがにその報せに驚いて、残る子ども達も薬を服用して、本心を取り戻しました。それを確かめて、名医の父は帰国し、子ども達と手を取り合って歓びを共にしたのです。この譬喩が示すところはどのようなことだったのか、という絵解《えと》きが行なわれて、はじめて譬喩の意義があきらかになります。

良医の父とは久遠のブッダであり、良薬を服用しない愚かな子ども達は凡夫を指していることは読者の皆さまが推理されているとおりです。つまり、せっかくブッダが久遠の過去から今日まで、そしてさらに無限の未来まで導きを示されているのに、肝心の衆生はそのことを見失っているという悲しい状態にあることを、譬喩《ひゆ》によって説き示しているのです。大乗経典はブッダが入滅《にゅうめつ》なされた後、時代を追うごとに次第にブッダの導きから遠ざかっていると警告しています。

果たしてその通りの状態になっているのではないかと、凡夫が反省し、久遠《くおん》の導きにあらためて目覚《めざ》める契機《けいき》を取り戻すことが期待されているのです。

そのことに目覚めた時、衆生は久遠の導きに引き入れられることが、ここにあきらかにされているのです。

如来寿量品の後半、詩偈（自我偈《じがげ》）の最後は「毎自《まいじ》の悲願《ひがん》」でしめくくられています。

「毎《つね》に自《みずか》らこの念《ねん》をなす。「何《なに》を以《もっ》てか衆生をして、無上道《むじょうどう》に入らしめ、速《すみ》やかに仏身《ぶっしん》を成就《じょうじゅ》することを得《え》せしめん」」。

ブッダが五百億塵点劫《じんてんこう》という無限の過去から、いつでも、どこでも衆生をこの上なき救いの道に入らしめようとして来られた誓願《せいがん》がここに確かめられているのです。

これを「毎自の悲願」と崇《あが》めて、私たちの凡人の生きる糧《かて》とするのです。衆生をして仏道に入らしめ、ブッダの身を成就せしめようとするブッダの悲願……。

私たちがその悲願にこたえる歩みの拠《よ》り所なのです。

なお、「億載」という言葉の意味について、付記します。

「億載」とは、非常に多い数の名です。「億」には、万万の億、百万の億、十万の億という上・中・下の三種の億があるという解釈があります。「載」とは、一・十・百・千・万・億・兆・京・秭・垓・壌・溝・澗・正・載の「載」で、地を載せることができないという意味（岩波文庫『法華経』下三四四頁の註「億載」を参照のこと）。

「阿僧祇劫」の「劫」は最長の時間の単位のこと。宇宙論的時間です。「阿僧祇」は、数え切れない無量の数を意味します。

26

久遠のブッダの導きを信ずることこそ菩薩道のはじまり

前回は如来寿量品《にょらいじゅりょうほん》第十六のご紹介でした。

仏弟子たちは「目の前にいらっしゃるお姿にいつも親しく接しているので、ブッダはただ私たちの先生のような存在としか思っていなかったけれども、真実は遥かに時空を超えて私たちを導いてくださっている偉大なる存在なのだ」と、しみじみと雄大なブッダの久遠《くおん》のお姿に目覚めたのでした。そして、その衝撃とともに〈それぞれの深い悟り〉を体得したのでした。

そうした経文の説く内容をなんとなく聞き流しただけでしたら、その意味の深さを知らずに終わってしまうことでしょう。

無限の過去からの導きを受けていること。その光が今現在の私たちの上に注がれていること。さらにその導きの光は未来永劫《えいごう》、つづけられること。なんだ！　そうしたことはどの宗教でも言っているではないか？　という感想を持つ方も少なくないと存じます。『法華経』は歴史上に長く讃えられ、信奉されてきましたが、ブッダの久遠の導きの意義がどれほど真剣に奉持されて来たかを問うと、心淋しい例も少なくないかも知れません。華やかな平安時代の『法華経』賛仰の心は素晴らしい『法華経』の写経を生み出し、時代の文化として今日に伝えられていますが、いざ久遠のブッダの意義がどれほど深く信奉されたのか？　あらためて問う必要があるかも知れません。

同時に、時代を超えて久遠のブッダの導きのお声が人びとの胸に衝撃を与え続けてもいるのです。

一九一四年（大正三年）、十八歳の宮澤賢治は、この如来寿量品を拝読して身体がうち震えたと伝えられます。そして後に賢治は、その衝撃を次のような和歌に詠みました。

塵点《じんてん》の劫《こう》をし過ぎていましこの
　妙《たえ》のみ法《のり》にあひまつりしを

「五百塵点劫《ごひゃくじんでんごう》という無限の過去から、私たちは久遠のブッダの導きを受けてきたのに、それを知らずにうかうかとその恵みの尊さを知ること無く、今日に及んでしまった。それにもかかわらず、ブッダはお見捨てなく、なお永遠の導きを示してくださっている。そのことをあらためて肝に銘じて、真実の導きに従う道を歩まねばならないのだ！」。

賢治は久遠のブッダの導きに正面から向かい合うことを決意したのでした。

賢治は「黒い手帳」をいつも傍《そば》に持っておりましたが、今の和歌を半紙に墨書して、手帳の芯に巻いていつも持っておりました。国民的詩人としてもてはやされている賢治の心の奥底深く、久遠のブッダへの信仰が宿っていた事実を私たちは忘れてはならないのです。

一念の「信」の重さ、菩薩の修行はそこから始まる

如来寿量品につづいて、『法華経』分別功徳品《ふんべつくどくほん》第十七の経文はまず「無生法忍《むしょうぼうにん》」（諸法の無生の理を観じて、これを忍可する智）の境地について示します。それを後代の注釈者は「円《えん》の十住位《じゅうじゅうい》」、すなわち菩薩の五十二の修行の段階のうち第十一から第二十位まで（心を

真実の空理に安住）を説いたものと解釈しています。同様に「円の十行位《じゅうぎょうい》」、すなわち菩薩の五十二の修行の段階のうち、第二十一から第三十位までのお悟り（利他行《りたぎょう》を行ずる位）。「円の十回向位《じゅうえこうい》」、菩薩修行の第三十一から第四十位まで（自分が修めた功徳を広く衆生に差し向ける境地）。「円の初地」～「円の第十地」、すなわち「十地位」＝菩薩が修行すべき第四十一から第五十位までの悟りの境地。「円の等覚金剛心《とうがくこんごうしん》」（仏に平等一如《いちにょ》のお悟りの境地）。というふうに、菩薩修行の五十二の段階について十一～二十・二十一～三十・三十一～四十・四十一～五十・五十一と、順次、それぞれに目標を発見した姿を要約して示されているのです。

五十一位は（平等一如《いちにょ》のブッダの境地）で、これは「等正覚《とうしょうがく》」の境地ともよばれます。ブッダの最終の境地とは「妙覚《みょうがく》」の境地であり、ただ久遠のブッダのみが到達なさるところと仰ぎ見ているのです。

「妙覚」の境地とはわずかに薄皮一枚を隔てたその究極の境地と等しい境地、すなわち「円の等覚金剛心」（等正覚）こそ、菩薩がめざす目標なのです。

果てし無きその道を歩むのです。けれども、いちばん大切なのは、まずその第一歩を踏み出すことです。

こうしたお導きの意図から、菩薩として修行すべき五十二の段階のうち、最初の十の段階の心を起こすよう促すことがあきらかにされます。すなわち初心の求道者は、まずブッダの教えを信じるところから出発することが示されたのです。こうして、まず菩薩としての修行の入り口の要諦《ようたい》があきらかにされたのです。

ここに至ってもなお「十信《じっしん》」（信を深める十の段階）が暗示されますが、そのなかでも最も重要なのは、ともかく「初心《しょしん》」であることが強調されます。

「一念信解《いちねんしんげ》」、一心に久遠のブッダの無限の導きを信ずることこそが出発点であることが示されるのです。それにつづいて「略解言趣《りゃくげごんしゅ》」、つまりその意味を言表《ごんぴょう》をとおして心に銘記することが挙げられ、次に「広為他説《こういたせつ》」で、それを人びとに語り、導きに共感する意義が示され、さらに「深信観成《じんしんかんじょう》」で、その信を深めることによってブッダの深い境地に共感することがあきらかにされます。「等覚《とうがく》」というブッダのお悟りの境地をめざして菩薩の修行が展開されますが、その第一歩は「信」にあること。その上に進み行く修行の深みのあることが、このように示されているのです。

しかし、これはまだブッダが在世であった時代の、機根《きこん》の優れたお弟子たちに示されたものと解釈されます。ブッダ入滅後の衆生は、それよりももっと根源的な「感激」こそが第一歩であることが次に示されるのです。

27 一念の「信」よりも基本となる「随喜《ずいき》」の功徳を讃《たた》える

「久《く》遠《おん》のブッダ」の久遠（永遠）の導きを信ずること。それこそがブッダ入滅後《にゅうめつご》の衆生にとって、最も重要である、というのが前回紹介した分別功徳品《ふんべつくどくほん》第十七の趣旨でした。

ときおり紹介される現代最先端の科学者などの思い出を聞くと、最初から難解な内容にトライするよりも、最初はわりと簡単な契機があって、それを切っ掛けにして深い研究の道に進んでいくケースの多いことに驚きを感じます。

能楽《のうがく》を大成した世阿弥《ぜあみ》の「花伝書《かでんしょ》」には、「初心忘るべからず」ということがあるそうです。この言葉は華厳経《けごんきょう》に由来するとのことですが、能楽という芸能に打ち込む最初の決意をいつも忘れてはならないと伝えたものと思われます。

世事《せじ》をもって推論《すいろん》するのもいかがかと思いますが、仏道の森に入っていく場合も、次第に深層に入り込んで自己の居場所を確かめる必要があるのかもしれません。ましてブッダ入滅後、智慧も信ずる力も薄くなっている凡夫《ぼんぷ》＝衆生にとって重要なことは、目標を見失わないということでありましょう。

仏道修行は、生《しょう》・老《ろう》・病《びょう》・死《し》の四苦《しく》と対決し、それを乗り越えていくところから始まり、人間存在を究明し、諸法《しょほう》の存在の実相《じっそう》を確かめて、そこに相互に合い依《よ》る相互関係を見つめ、十二因縁《じゅうにいんねん》の意義を突き詰めていく。さらに空《くう》の境地に深く分け入っていくというふうに、次第に哲学的な修行の森のなかを分け入るようになっていきます。

そこで、『法華経』では久遠のブッダのお導きにめざめるという原点に帰り、前回申しましたように「信《しん》」ずることを原点に据えることが強調されたのでした。初めの信「初心《しょしん》」を基本とし、それを言語理性に整理し、広く語り伝え、さらに進んで深い自己観察の境地をきわめることが、四つの信のあり方＝四信《ししん》として示されたのです。

ところが、その延長上に展開されるのは、「信」の世界よりも、さらに重要な随喜《ずいき》（感激すること）であると説かれるのです。

「信」の確かめよりも、まず感激することだというのです。そして、

（1）「ただちに随喜の心を起こす」ことを重視するのです。

それにつづいて、
（2）「自《みずか》ら受持《じゅじ》読誦《どくじゅ》する」
（3）「他を勧《すす》めて受持読誦する」
（4）「兼《か》ねて（菩薩修行《ぼさつしゅぎょう》の目標である）六波羅蜜《ろくはらみつ》を行ずる」
（5）「正しく六波羅蜜を行ずる」
というように、だんだんと高度な世界をめざすことができることが示されるのです。

しかし、何といっても最初の「随喜の心」が重要だとされるのです。

「六波羅蜜」とは、①布施（施しの修行）、②持戒（仏道に帰依する者の遵守すべき戒を保持すること）、③忍辱《にんにく》（耐え忍ぶこと）、④精進（精魂をこめてひたすら進むこと）、⑤禅定《ぜんじょう》（心静かに瞑想し、真理を観察すること）、⑥智慧（仏教の無常の道理を洞察する強靱な認識の力）という、菩薩に課せられた実践徳目です。いずれも深い意味を蔵しますので、簡単に言い切ることは困難ですが、あえて簡潔に記しました。

仏道の修行はなかなか困難とされますが。が、菩薩は、仏法のために身も心も、総てを捧げることを基本とする。という趣旨をあきらかにしていると、筆者は解釈しております。

五十展転して伝えられる随喜の功徳を讃える

谷川のながれの末《すえ》を汲む人も
　聞くはいかがはしるしありける
　　藤原俊成（長秋詠藻）

鎌倉時代の有名な歌人の和歌です。

谷川は下流へ下流へと流れていきます。それと同じように、素晴らしいブッダのお言葉を伝え伝えて聞く人がおります。その伝え伝え聞くブッダのお言葉を聞いた人も、大いなる導きを頂けると、『法華経』は教えていらっしゃいますことよ！　というほどの意味でしょうか。

敢《あ》えて「五十展転《ごじゅうてんでん》」という経典の言葉そのままを挙げました。

ブッダの教えを聞いた人が、その感激を次の人に伝えます。それを次の人に……。そしてまたその次の人に……。そのようにして、とうとう五十番目に聞いた人に、果たして功徳は得られるのであろうか、と問います。

ブッダは「次から次へと伝え聞いて、第五十番目の人が、わずかに経典の一偈《いちげ》を聞いたときにも偉大なる功徳を得るのである」と仰せになられます。

これを「五十展転《ごじゅうてんでん》の教えに随喜《ずいき》する功徳《くどく》」というふうに讃仰《さんごう》するのです。

読者の皆さんもそれぞれ経験のある伝言ゲームを思い出してみましょう。

最初のうちはかなり正確に伝わっている情報も、どこかでまちがって伝えられると、俄然おかしなことになります。それと同様に、教えを正しく伝承するということは至難のわざといえましょう。だからこそ随喜《ずいき》功《く》徳品《どくほん》第十八において、「五十展転随喜の功徳」が取り上げられるのでしょう。至高《しこう》の教えであればあるほど、教えは正確さが要求されます。そうした常識からすればおろかな凡夫の間で、口伝えにして伝えて、はたしてその伝承は効果があるのだろうか、と疑問に思うことになるのは当然でありましょう。

前回の分別功徳品では、「信ずる功徳《くどく》」ということについて、きちんと確かめるという意味で、「分別」ということが強調されるのでしょう。

ところが、今回の随喜功徳品では、分別功徳のうち、ブッダ入滅後の「随喜」（最初の随喜なので〈初随喜〉ともよばれます）の功徳を殊更《ことさら》に讃《たた》えます。

「随喜」とは、現代用語の「感激」ということだと思います。

久遠の導き、すなわち、ブッダが無限の過去から現在へ、そして現在から無限の未来へと、永遠の時間にわたってすべての衆生に慈《いつく》しみの眼差《まなざ》しを降り注ぎ、導きを継続なさっていることへの「感激」は、どんなに末端に行っても光り輝くのです。

まさに逆転の発想とでも言えるでしょうか。厳しく厳しく菩薩の道へと導いてきた反面、ブッダは「いかに幼稚《ようち》の者であっても、清らかな心でブッダの導きに感激することこそが仏道修道の根幹である」ことを、厳然として語り、保証なさったのです。

28 『法華経』を受持・読誦・解説・書写する功徳

今回は、法師功徳品《ほっしくどくほん》第十九です。前回の随喜《ずいき》功徳品第十八においては、ブッダの久遠の導きに「随喜」する、つまり感激することこそが最も重要であると説かれました。その根本を確かめれば、それが自らの受持《じゅじ》読誦《どくじゅ》、他への勧奨《かんしょう》へと進み、六波羅蜜の修行が見出され、さらに深くなっていくと説かれています。

ということで、今回の法師功徳品では、前回を受けてどのように功徳を受けていくかがあきらかにされるのです。

そのような前提を確かめずに法師功徳品を読むと、「なんだか、やたらに功徳ということが繰り返されるが、いったいこれは何を訴えようとしているのだろうか?」と、不思議な感じを受けてしまうことになるかも知れません。

中国の天台大師《てんだいだいし》智顗《ちぎ》（五三八～五九七）は、仏法修行の段階として六段階を設定しました。天台大師は法華三昧《ほっけざんまい》を修して悟りの境地を得て、天台山で「摩訶止観《まかしかん》」の境地を深めた高僧です。六段階とは「六即《ろくそく》」のことで、①理即《りそく》（人には皆、本来的に成仏の実在があること）。②名字即《みょうじそく》（これを概念として理解する段階）。③観行即《かんぎょうそく》（体験しようとする観心《かんじん》修行の段階）。④相似即《そうじそく》（六根清浄となり真の悟りと相似する）。⑤分真即《ふんしんそく》＝分証即（真如の部分を体現する）。⑥究竟即《くきょうそく》（完全な悟り）を意味します。

初心の仏道修行者の段階から、ついに究極《きゅうきょく》のブッダの境地に至るまでをこのように簡潔に六段階に要約して、修行者への励ましとしたのです。

かつて仏教学者で浄土真宗僧侶の島地大等先生は「法師功徳品は、このうちの、④相似即の初品が受ける果実の功徳をあきらかにしている」と、明晰な解釈を示しております。

経文は次のように述べています。

「善男子、善女人が、この法華経を受持し、読み、誦《とな》え、解説《げせつ》し、書写《しょしゃ》するならば、この人はまさに八百の眼の功徳と、千二百の耳の功徳と、八百の鼻の功徳と、千二百の舌の功徳と、八百の身の功徳と、千二百の意《こころ》の功徳を得るであろう。そしてこの功徳によって、六根《ろっこん》を荘厳《しょうごん》して、皆清浄《しょうじょう》ならしめるであろう」。

八百とか千二百という数を挙げているのは、それぞれの功徳をより具体的に納得させようとするからなのでありましょう。

理即《りそく》・名字即《みょうじそく》を示して修行による悟りの道への可能性を示す段階から、具体的な修行に誘う観行即《かんぎょうそく》を示した後に、第四段階として相似即《そうじそく》が示されています。

ですから、この経文がかなり高度な内容であることを知ります。

六根のそれぞれに受ける功徳の様相を推理する

経文の説示をすべて解説することは困難ですが、これからそのポイントを追ってみたいと思います。

その前に一言添えたいのは、「六即《ろくそく》」を挙げましたが、それぞれの段階に「即」が付く意義を申したいと思います。

修行の段階が六即として示されるのは、凡夫の段階からブッダの究極の境地まで幅広い境地をぎゅっと凝縮したのですから、この構想力に驚かされます。同時にそれぞれに「即」が付されるということにも驚かされます。凡夫の段階からついに究極の境地に至る間の幅はあっても、そこに一貫するものは　いつも「お悟り」の境地をめざしているという点でまったく同じ意義に立っていることを示すのが、「即」という文字の意義なのです。

さて、具体的に「眼の功徳」についてたどると、法華経を受持する功徳によって、生まれついて父母から譲り受けた眼を通して、「三千界の内外の弥楼山《みるせん》・須弥山《しゅみせん》・鉄囲山《てっちせん》をはじめ、あらゆる山林、大海・江河《こうが》を見、さらに下方の阿鼻地獄《あびじごく》を確かめる一方では、上方の有頂天《うちょうてん》まで認識することができる」というのです。肉眼《にくがん》の段階でそうなのですから、天《てん》眼《げん》・慧眼《えげん》・空眼《くうげん》・仏眼《ぶつげん》の功徳は計り知れないものがあり、これらの眼力を駆使《くし》することをあきらかにするのです。

「耳の功徳」も同様に最下の阿鼻地獄から最上の有頂天に至る間のすべての声を耳にするというのです。象・馬・牛・車の声や音、啼哭《ていこく》する声・愁嘆声《しゅうたんしょう》、鼓・鐘・鈴の音、笑《わらい》・語《かたる》・男・女・童子・童女の声、法《ほう》・非法《ひほう》・苦《く》・楽《らく》の声、さらに異形《いぎょう》の神々の声、火・水・風の音、地獄《じごく》・畜生《ちくしょう》・餓鬼《がき》の声、あらゆる修行者のそれぞれの段階の声……。それらすべての声を聞き分けるというのです。

同様に「鼻の功徳」では、さまざまな香料を挙げ、最高の香りをもたらす栴檀香《せんだんこう》・沈水香《ちんずいこう》（沈香《じんこう》）・多伽羅香《たからこう》などなど。衆生や象や馬や牛や羊の香り、男女それぞれの香り、童子・童女・草木叢林《そうもくそうりん》の香り。さらに天上の……。諸天の……。これらの香りのすべてを知ることをあきらかにします。

古代インドでは、樹木や草花などから、素晴らしい香料を採取したようで、経文にはそれらの香料の名が挙げられています。昔、朝鮮半島の王女が熱病にかかり、どんな治療を受けても快癒しなかったところ、素晴らしい香によって治癒したことが縁となって、仏教に帰依したと伝えられています。

「舌の功徳」については、

「千二百の舌の功徳を得て、もしは好《こう》、もしは醜《しゅう》、もしは美《み》、もしは不美《ふみ》、およびもろもろの苦渋《くじゅう》の物、その舌根《ぜっこん》に置かば、皆上味《じょうみ》となりて、天の甘露《かんろ》のごとくにして、美《うま》からざるもの無《な》けん」。

と、すべてのものが最上の味わいとなると述べております。

要するに、すべての様相があきらかになれば、何が優れていて、なにが劣っているものかがあきらかになるのですから、世界のすべての状態を識《し》ることができることが最も重要だということなのだと思います。

かくして「身の功徳」においては、清らかな鏡によって、ついに菩薩の浄らかな身を見ました。「意の功徳」においては「諸の所説の法、その義趣《ぎしゅ》に随いて、皆実相《じっそう》と相《あ》い違背《いはい》せず」を識ることが示されたのです。

29 『法華経』を身をもって読んだ常不軽菩薩の尊い生き方

前回の法師功徳品《ほっしくどくほん》十九では〈『法華経』を受持《じゅじ》・読《どく》・誦《じゅ》・解説《げせつ》・書写《しょしゃ》する〉五種の修行の尊さがあきらかにされました。

今回の常不軽菩薩品《じょうふきょうぼさつほん》第二十では、それを身をもって実践された「常不軽菩薩」のおはなしが述べられます。

皆さまは、仏教と聞いてどのようなイメージを持つでしょうか。どちらかといえば、静かな時間のイメージを思い起こすのではないかと思います。加えて、そのなかにも「いつでもどこにでも、ブッダは私たちを導いてくださる」というイメージを強くお持ちの方が多いことでしょう。

かつて平山郁夫画伯が描いた絵を通して、多くの日本人が親しみを感じていたアフガニスタンのあのバーミヤンの五十五メートルの大仏像と二十八メートルの大仏像。石山の壁面にあの大仏像を彫刻した熱情は、ブッダ入滅後の時代に、その教えに帰依する熱い心情が注がれたものなのでしょう。

中央アジアから中国、朝鮮半島を経て、日本においても奈良の大仏さま（盧舎那《るしゃな》仏）としてブッダの威容が伝えられております。

『法華経』は、最初の序品《じょほん》第一から、終始永遠の導きを説いています。如来寿量品《にょらいじゅりょうほん》第十六において、ブッダの久遠の導きがあきらかにされ、つづいて分別功徳品《ふんべつくどくほん》第十七・随喜功徳《ずいきくどく》品《ほん》第十八・法師功徳品において、ブッダの久遠の導きに生きることの意義があきらかにされてきました。それを受けつつ、過去の世にブッダの教えが影響を失った時代があって、そのなかで仏道を求めつづけた菩薩の姿が示されたのが、常不軽菩薩品なのです。

常不軽菩薩の名は「いつでも、どこでも、人は誰でも仏道に導かれているとして、尊敬を絶やさないことを誓願《せいがん》とする仏道修行者」というほどの意味を示しています。

昔（といっても、歴史を超えた遥かなる過去に）威音王如来《いおんのうにょらい》というブッダがお出ましになり、人びとを尊い境地に導き入れました。

しかし、時代が経過するとともに、その教えの影響は微弱となってしまいました。ブッダを失い、仏典や修行の規範も見失った時代に、どのようにして仏道を求めたらよいのか？ という恐ろしいほどの難問が、常不軽菩薩品には内蔵されています。

そこに登場する常不軽菩薩は、（仏の教えが忘れられた時代であっても）いつでも、どこでも、人びとの胸にブッダはおわします（おいでになります）として、人びとはそのブッダを礼拝することを誓願《せいがん》とするのです。「誓願」とは、仏道修行を誓う願いであります。人びとが内蔵するブッダを「仏性《ぶっしょう》」とよびます。常不軽菩薩は、会う人ごとに、

「われ、深く汝等《なんじら》を敬《うやま》う。敢《あ》えて軽慢《きょうまん》せず。所以《ゆえ》は如何《いかん》。汝等《なんじら》は皆、菩薩《ぼさつ》の道《どう》を行じて、当《まさ》に作仏《さぶつ》することを得べし」。

と深々とお辞儀をしたのです。

仏道修行者（比丘《びく》）に深々とお辞儀をされて、高位《こうい》の修行者は「おまえなどに、仏道修行の保証をされたくない」と怒り、貧しい人びとは「薄気味《うすきみ》悪いことをしてくれるな！」

と石を投げ付けられるという状態で、実に惨憺《さんたん》たるありさまでした。けれども常不軽菩薩はそれにひるむ事がありませんでした。

前回に六根清浄《ろっこんしょうじょう》について述べましたが、常不軽菩薩がその生涯を終わるときに、六根清浄を得た姿をあらわし、すべての仏道修行者が信伏したのでした。

マハトマ・ガンジーの無抵抗主義と藤井日達の「但行礼拝」

昭和六年（一九三一）、諸宗教を遍歴して法華経に帰依《きえ》した藤井日達《にったつ》上人は、わずかの弟子と一緒にインドに渡り、『法華経』の御題目を唱えつづけました。常不軽菩薩が唱えつづけた「われ深く汝等を敬う」という経文のように、七字の御題目を唱えつづけたのです。多くの人は、その行為を理解できずに、懐疑《かいぎ》の目をむけたことでしょう。

昭和八年に藤井日達師は、インド中央部のワルダで、かのマハトマ・ガンジーに出会いました。

無抵抗主義《むていこうしゅぎ》を標榜《ひょうぼう》し、戦闘によらずにインド独立を推し進める独立運動に挺身《ていしん》していたガンジー翁が、日達上人のひたすら人びとを礼拝しつづける「但行礼拝《たんぎょうらいはい》」の行動にすっかり敬服してしまいます。

いわば、『法華経』のなかの物語でしかなかった常不軽菩薩の仏道修行の生き方が現代によみがえった瞬間でした。

あのマハトマ・ガンジーが、自《みずか》ら団扇太鼓《うちわだいこ》を打《う》ち、南無妙法蓮華経と唱えたということです。

後にガンジー翁は凶弾に倒れましたが、その地で今もなお確か毎週金曜日に行なわれる追悼式で唱えられる五十になんなんとする諸宗教の祈りの最初のところで、南無妙法蓮華経が唱えられると聞いております。

前に掲げた「われ、深く汝等を敬う……」以下の経文の意味は、つぎのようなものです。

「わたしは深くあなたを敬います。決して軽んずることはありません。

なぜならば、あなたがたは皆、菩薩《ぼさつ》の道《みち》を歩んでおられるからです。その道を歩みつづけることによって、あなたがたはかならずや将来において、ブッダの境地に到達するに違いないからであります」。

常不軽菩薩は、想像を絶する過去の世にお出ましになられました。しかし、導いてくださるブッダにお会いすることができず、また修行の方途もあきらかではありませんでした。そうしたときに、「ただひたすら人びとの心のうちに在られるブッダに礼拝を捧げる」ことをたゆみなく展開された仏道修行によって遂にブッダの境地に到達なさったのです。

そしてまた、その生き方をわが身になぞらえた藤井日達師の「但行礼拝《たんぎょうらいはい》」の姿勢が、マハトマ・ガンジーの心を奥底からゆさぶった光景を、私たちは決して忘れてはならないのでありましょう。

30

末《すえ》の世の「法華経」の救いを誓う地涌《じゆ》の菩薩の願い

前回では、仏法が見失われた悪世においてひたすら人びとが内蔵する「仏性」を拝む、常不軽菩薩《じょうふきょうぼさつ》の行ないが紹介され、しかもそれは無限の過去にさかのぼるブッダの御修行の一齣《ひとこま》であることがあきらかにされました。

今日の私たちからすると、想像を絶する光景ということになりましょうか。仏典は、時空を超えた境地から、私たちの日常的な生き方に光をあてる教えを示しています。

今回の如来神力品《にょらいじんりきほん》第二十一では、久遠《くおん》の昔にブッダが導き、教化《きょうけ》した久遠の仏弟子に、ブッダ入滅後の困難な時代に、『法華経』によって人びとを導くことが命じられる光景が描かれております。

『余《よ》はいかにしてキリスト信徒となりしか』を著した無教会派のキリスト者・内村鑑三先生は、名著『代表的日本人』で「日蓮」をとりあげました。内村は、自己の苦難に満ちた宗教体験と重ねあわせて、日蓮聖人の生涯を描いていきます。ご承知のように、日蓮の生涯は法難につぐ法難の連続でありました。内村は言います。

日蓮は苦難の連続のなかで、『法華経』如来神力品の「日月《にちがつ》の光明《こうみょう》の能《よ》くもろもろの幽《ゆう》冥《みょう》を除《のぞ》くがごとく　この人、世間に行じて能《よ》く衆生の闇《やみ》を滅せん」の経文に出会ったとき、感激のあまりに身が震えたのだ、と。

この如来神力品に登場する菩薩たちは、すでに従地涌出品《じゅうじゆじゅっぽん》第十五において、仏典に初めて登場した無量千万億の菩薩です。ブッダのお説法の音声を聴いて娑婆《しゃば》世界の下から、涌《わ》き出るように出現したのでした。それらの菩薩たちは、それぞれ六万恒河《ろくまんごうが》沙《しゃ》の眷属《けんぞく》（従者）をひきいていたのでした。

これらの想像を絶した立派な菩薩たちの出現を通じて、久遠のブッダであることがあきらかにされたのが、『法華経』の中心をなす如来寿量品《にょらいじゅりょうほん》第十六でした。久遠の教えによる導きが示された後、前回の常不軽菩薩の求道と導きが説き明かされ、それを承《う》けて久遠の導きを、ブッダ入滅後の世に伝える使命が「地涌の菩薩」に付託《ふたく》されるのです。

「日月《にちがつ》の光明《こうみょう》」を伝える菩薩は「水中の蓮華」のごとき存在

「神力《じんりき》」とは、ブッダがその身に備える不思議な力のことです。第二次世界大戦後、日本はアメリカ文化の影響を受けました。すべてがシンプルにシンプルに理解される傾向は今後もさらに日本の新たな文化に底流として流れていくことでしょう。

しかし、本家のアメリカ文化がそれほどシンプルかといえば、実はそうではないらしいということに気が付いている層が増えているような気がするのですが……。演劇や芸術の分野などでも、テレビ文化に飽きだした人の間に伝統回帰の風が吹いているような気がします。NHKの子ども番組などに、日本古来の文化を子どもたちに伝えようという試みがなされているようですし、そうした試みが日本文化の地底でひそやかに行なわれているようにも感じます。

伝統芸能の能楽には「幽玄《ゆうげん》」の世界が、日本の心に奥深くひそんでいる深層《しんそう》をえぐるかのように、演じられています。

「神力《じんりき》」「神通力《じんずうりき》」は決して世間を騒がせた疑似《えせ》宗教のような軽いものではありません。もっとしなやかに、ブッダがその導きの奥深い境地から人間存在の真実に目覚めさせる内容を示しています。この如来神力品において、ブッダの世界には十方面の不思議な力が保有されていることをあきらかにしたうえで、過去から現在までの無限の導きは必ずや将来の人間の危機の時代にあって大きな導きとなることをあきらかにしているのです。

そして具体的に無限の過去から「久遠の教化《きょうけ》」を受けた本弟子たちが、将来の困難な時代に明るい燈《ともしび》を輝かすはたらきを果たさねばならないことを予言するのです。日蓮聖人がその「予言に目覚めた」ことを、読んで知った内村鑑三は、そのことに感激をおぼえました。「なぜ日蓮が幾多の法難に出会いながらも、それに屈することなく、『法華経』宣布《せんぷ》のために身を投じたのか」という疑問がこれによって氷解したのでしょう。

「日月《にちがつ》の光明《こうみょう》の能《よ》くもろもろの幽冥《ゆうみょう》を除《のぞ》くがごとく　この人、世間に行じて能《よ》く衆生の闇《やみ》を滅せん」。

という経文の意味は、

「太陽やお月さまの明るい光が人びとを照らして、よくすべての暗やみを追放するように、大地から涌きだすように現れたブッダから久遠《くおん》の教化を受けてきた久遠の本弟子である菩薩たちが、仏滅後《ぶつめつご》（末法の暗やみのような）社会に出現して、よく人びとを暗やみから導きだすであろう」。

というほどの意味と理解されるでしょう。

その久遠の本弟子については、すでに従地涌出品ではじめて姿を現わし、その模様がくわしく描《えが》かれています。さらにその菩薩の精進の姿が讃えられ、その姿は水中の蓮華のようであると述べられています。

「久《ひさ》しくすでに仏道を行《ぎょう》じて、神通智力《じんずうちりき》に住《じゅう》せり。善《よ》く菩薩の道《どう》を学《がく》して、世間《せけん》の法に染《そ》まざること、蓮華《れんげ》の水に在《あ》るが如《ごと》し。皆、恭敬《くぎょう》の心を起《お》こし、世尊の前《みまえ》に住せり。この事思議《しぎ》し難《がた》し」。

「この久遠の本弟子たちは、永い永い間、仏道を修行して神通力と、その智力のなかにある」ことをあきらかにし、さらに「よく菩薩道を歩みつづけて、決して濁った世間のならわしに染まる事無く、その姿は蓮華が濁った水のなかにあって、しかもいつも清らかさを失うことがないのだ！」と、その姿を描いているのです。まさに「久遠の本弟子」とは、そのようなお姿であります。

日蓮聖人の名乗りは、その誓いを「日」と「蓮」に集約したものなのです。

31

すべての菩薩に入滅後の教えを託すブッダの願い

ふりかえってみると、前述の常不軽菩薩品《じょうふきょうぼさつほん》第二十の内容は、ブッダの無限の過去の世での御修行のありようを示したものでした。

仏教といえばブッダの御教《みおし》えが「経典」として伝えられ、仏教者の行ない＝規範が「戒律」として伝えられ、さらに「経典」の深い意味が後代の高僧たちの「論《ろん》」「釈《しゃく》」として確かめられ、それら膨大な組織に基づく意義付けがあるのが当然だと思われております。

それに対して常不軽菩薩品の内容は驚くばかりでした。すなわち、仏教の導きを受けるブッダも経典も僧侶も失われた状況のなかで、仏教を求める姿を示されたのです。

前回の如来神力品第二十一の教えは、それほど深い修行にささえられる、久遠の寿命をもって衆生を導かれるブッダの願いの実現を本弟子に託すというものでした。すなわち、久遠の仏教の真髄である『法華経』を、久遠の往昔《むかし》から導いてきた「本弟子」＝「地涌《じゆ》の菩薩」に、ブッダ入滅後、仏法滅尽《ぶっぽうめつじん》の時代に弘めることを託したのです。

まさに「地涌の菩薩」はそのような大役を委嘱される選ばれた菩薩でした。

その光景を前にして、ブッダが何も仰せでなければ、それ以外の大勢の仏弟子たちが「私たちには、そのような大役は与えられないのですか？」という疑問を起こすのは当然のことでありましょう。

しかし懸念は無用です。次の嘱累品《ぞくるいほん》第二十二の冒頭、次のように説いて、それぞれの努力によって、仏法をもって人びとを導くように示されたのです。


「われ、無量百千万億阿僧祇劫《あそうぎこう》に於いて、是《こ》の得がたき阿耨多羅三藐三菩提《あのくたらさんみゃくさんぼだい》の法を修習せり。今もって汝等《なんだち》に付嘱《ふぞく》す。汝等まさに受持読誦《どくじゅ》し、広く此の法を宣《の》べて、一切衆生をして、普《あま》ねく聞知《もんち》することを得せしむべし……」。

薬王菩薩がその身を焼いてブッダを供養した意義を問う

「われわれは、どこから来て、どこへ向かっているのか？」ということが問われます。

現代の仏教への関心は、どちらかといえば現代を生きる私たちにとって有用な指針や処方箋に向けられていますが、ブッダの究明するところは奥深いものです。生命ということも、戸籍上に記録される一生というだけでなく、悠久《ゆうきゅう》の「いのち」が求められています。『法華経』説法の場所には、悠久の時間にわたって仏道を求めてきた菩薩たちが参加しておりました。

薬王菩薩本事品《やくおうぼさつほんじほん》第二十三で、宿王華菩薩《しゅくおうけぼさつ》がブッダに次のように質問したものでした。

「薬王菩薩は、どうして娑婆《しゃば》世界に姿を現したのですか？　薬王菩薩は永い永い間、難行《なんぎょう》・苦行《くぎょう》を踏《ふ》み行《おこ》なって来たといいます。その事績《じせき》を説《と》き明かしてくだされば、ここに居るさまざまな修行者も歓喜することでありましょう」。

遥かなる悠久の過去に、日月浄明徳《にちがつじょうみょうとく》如来というブッダが一切衆生喜見菩薩《いっさいしゅじょうきけんぼさつ》ら、多くの修行者に『法華経』を説いたことがあったことが説かれます。そのとき、一切衆生喜見菩薩は「楽《ねが》いて苦行を習い……精進経行して、一心に仏を求むること万二千歳を満じおわりて、現一切色身三昧《げんいっさいしきしんざんまい》を得」たのでした。

現代人は、ささやかな幸せを祈るのが生き方の基本になっておりますから、このような経文に出会うと驚くばかりでしょう。

しかし、人生にはつぎつぎと「苦」がやってきます。逃げようとしても、どのように足《あ》掻《が》いても、「苦」から逃れ出ることができません。やわらかな日本人の感性からすると、「森田療法」という精神療法があるそうですが、その療法のように、「苦から逃れるのではなく、すべての現実を受け入れる」という指導がわかりやすいようにも思います。けれど、肉体の欲望を徹底的に抑える修行として、古代インドなどでは、「苦行《くぎょう》」が行なわれたことが知られています。

それは兎《と》も角《かく》として、一切衆生喜見菩薩は「願って、苦行を習い、精進し、歩みつづけ、一心に仏の境地を求めた」のでした。

そしてついに、仏の境地を得て金色《こんじき》の身を得ることを願い、自身の両手の臂《ひじ》をもって「燈火《ともしび》」として最高の布施の供養を捧げたのでした（なお、その真摯《しんし》な願いによって、両手の臂は元どおりになったことが記されております）。

日月浄明徳仏は宿王華菩薩に語ります。

「ここに紹介した一切衆生喜見菩薩とは、誰あろう？　今ここにいる薬王菩薩の遥かなる悠久の修行の一齣《ひとこま》なのである」。

こうして「すべての河川《かせん》の水の流れも、海が第一である」ようになどと、十の角度からその教えを讃え、『法華経』が「諸経の王である」と述べられています。そしてまた「一切衆生を救い、もろもろの苦痛を離れせしめる」と述べ、また「清涼《しょうりょう》の池の水がもろもろの渇《かわ》きに悩む者に潤《うるお》いを与えるように、寒さにふるえる者が火を得たように、裸《はだか》の者が衣服を得たように、子が母の存在を確かめ得たように、河を渡る願いが船によってかなえられたように、病気の時に医師に出会うことができたように、暗闇《くらやみ》のなかで灯火《ともしび》を得ることができたように……」、『法華経』は衆生が悩む「すべての苦、すべての病痛を取りのぞき、ついにすべての生死という苦縛から解放する」ことをあきらかにしています。

さて「焼身供養《しょうしんくよう》」ということのほんとうの意味を知らないと恐ろしい事態を引き起こし

かねません。よほど注意深くその意味を考えることが必要だと思います。

かつて、ヴェトナム戦争の時に、和平を願った僧がわが身を焼いて、人びとの平安と国土の平和を祈りました。苦行の持つ意味は二十世紀の現代にまで及んでいることを知るのです。

32 衆生の悩み・悦びを聞き届ける妙音菩薩と観世音菩薩

『法華経』は、常不軽菩薩品第二十以降、菩薩のおはなしがつづきます。いわば、菩薩譚《ぼさつたん》の連続です。もともと、序品《じょほん》第一以降、ブッダをとりまくもろもろの世界が、いわば宇宙大の感覚であきらかにされております。その教えの中核が、方便品第二などの教えをめぐって、さらに如来寿量品第十六を中心としてあきらかにされるのが、『法華経』の基本的な骨格を示しているものと言えましょう。

そうして、さまざまな菩薩の衆生救済の願いが描かれ、私たちに身近な存在として親しまれております。殊に観世音菩薩普門品《かんぜおんぼさつふもんぼん》第二十五ほど、親しさを感じさせる経典は数少ないといってよいほどでありましょう。島倉千代子さんの歌謡曲などにも、「浅草の観音さま」が歌われております。

その正式名称「観世音菩薩」は、世の人びとのあらゆる声を聴いて、その悩みを聞き届けるというほどの意味です。

ところで、その観世音菩薩普門品の前の妙音菩薩品《みょうおんぼさつほん》第二十四も、観世音菩薩普門品とかなり共通する内容を含んでいます。

妙音菩薩は東方の或る国土から『法華経』説法の場を訪れた菩薩です。ブッダを讃嘆するために「伎楽《ぎがく》」によって供養を捧げるなど多くの徳を積んだのでした。「伎楽」とは、舞踊を伴う音楽のことです。

この妙音菩薩は、「其《そ》の身、ここに在る」とだけ思っているかもしれないが、「しかもこの菩薩は、種種の身を現じて、処処《しょしょ》に諸《もろもろ》の衆生の為に是の経典を説く」というのです。具体的にいうと、三十四の身として、さまざまな姿となって現れるというのです。

言うまでもなく観世音菩薩は三十三身としてその姿を現すことが知られております（なおまた三十四身とも数えられる場合もあります）。観世音菩薩普門品には「三十三身」が、以下のように示されております。

①には仏・辟支仏《びゃくしぶつ》・声聞《しょうもん》の「三種聖身」。②には、梵王《ぼんのう》・帝釈《たいしゃく》・自在天・大自在天・天大将軍・毘沙門天《びしゃもんてん》の「六種天身」。③には、小王・長者・居士《こじ》・宰官《さいかん》・バラモンの「五種

人身」。④には、比丘《びく》・比丘尼《びくに》・優婆塞《うばそく》・優婆夷《うばい》の「四衆身」。⑤には③五種人身のうち小王を除く四種の夫人である「四衆婦女身」。⑥には、「童男《どうなん》・童女身《どうにょしん》」。⑦には、「天龍八部《てんりゅうはちぶ》身《しん》」。⑧には「執金剛身《しゅうこんごうしん》」です。

これに対して今の妙音菩薩品では、①と⑧は無く、代わりに転輪聖王《てんりんじょうおう》・地獄・餓鬼・畜生・後宮《こうきゅう》の「女人の五身」が数えられます。

つまり、いずれもさまざまな姿となって、人びとを励ますことを誓願《せいがん》としているわけですが、妙音菩薩は、仏・辟支仏・声聞の「三種聖身」の姿を示すことはできずに、逆に「女人の五身」を示しているのです。

それに対して、観世音菩薩は、菩薩であるのに、ブッダや、そして辟支仏（独覚）や声《しょう》聞《もん》の姿を現すこともできるというのです。

「無畏施《むいせ》」をうながす観世音菩薩の願い

観世音菩薩品の心を詠んだ和歌は、平安時代以降、限りなくあります。比叡山延暦寺の天台座主《ざす》を務めた慈円《じえん》和尚は、

三十あまり三のちかひの嬉しきは
　さまざまになる姿なりけり
　　　慈円和尚（拾玉集）

と、観世音菩薩が人びとの苦悩を悲しみ、慈しみをもって人びとを救うために三十三身に及ぶ姿を現してくださると詠んでいます。観音さまにお願いする人びとの気持ちは、おおよそこれをもとにしていると思います。

少し視点を異にする二宮尊徳翁の和歌を紹介してみましょう。

その和歌は、多くの方に読誦される『観世音菩薩普門品偈』の一偈に託して万物への感謝を示しているものです。

「一切の功徳《くどく》を具《ぐ》して、慈眼《じげん》をもって衆生を視《み》、福聚《ふくじゅ》の海《うみ》無量なり。是《こ》の故に応《まさ》に頂礼《ちょうらい》すべし」。

「観世音菩薩は、あらゆる功徳をその身に具《そな》えて、慈しみの眼で衆生を見つめているので、さながら大いなる海のようにその福徳が集まっています。だからこそ、まさに観世音菩薩に心を込めて礼拝しなさい」。

二宮尊徳翁は、疲弊《ひへい》した農村に出かけてはその村の根本的な農地の再生事業を計画し、それを実現して行きました。その一面では神仏への祈りを忘れなかったのでしょう。翁は上記の経文に託して次の歌を詠んでいます。

蒔《ま》けば生《は》え植《う》うれば育つ天地《あめつち》の
　あはれめぐみの限りなき世ぞ

「天地の恵みを受けて、種を蒔《ま》けば芽を出して、それを植えかえれば若葉に育って行く。感嘆するばかりだ！　感謝の念にうち震える思いである。どうぞその恵みが限りなくつづきますように！」。

困難な時に、急に観世音菩薩にお願いするのではなく、農耕の恵みのすべてが観世音菩薩の恵みであると、絶えざる感謝を詠んでいると言えましょうか。

アジア各地に広まっている観音さまへの信仰です。そして、その根幹は「施無畏《せむい》」であることをあらためて思います。

いろいろな苦難に出会ったときに、観世音菩薩の名をとなえれば、助けて頂けるというのが人びとの願いでしょう。

実はその根幹には、ブッダが人びとに「恐れない心」（無畏）に導くように、観世音菩薩は、「苦難に挫けない心」を施して人びとを導く心を知るのです。

浅草寺のお堂にも、この『施無畏』の額が掲《かか》げられておりますが、それはその願いを意味しているのです。

33

諸菩薩が持経《じきょう》の功徳《くどく》を陀羅尼《だらに》に託して説く

『法華経』は単一な構成ではありません。おおまかに申しますと、おおよそ三つの要素から成り立っています。

第一には、菩薩道こそがブッダがお示しになった「一仏乗《いちぶつじょう》」の導きであることを語った内容です。

第二には、大地から涌き出た本弟子の出現を通じてあきらかにされた「久遠《くおん》のブッダ＝釈尊《しゃくそん》」のお姿と、その救いです。

そして第三に、永遠の時間を語り継ぎ、仏道を歩む諸菩薩の姿の叙述です。

これまで、常不軽菩薩、上行・無辺行・浄行・安立行をはじめとする地涌六万恒河沙《じゅごうがしゃ》の菩薩、薬王《やくおう》菩薩、妙音《みょうおん》菩薩、観世音菩薩というふうに、順次その姿があきらかにされてきました。

そして今回紹介する陀羅尼品《だらにほん》第二十六では、薬王《やくおう》菩薩・勇施《ゆうぜ》菩薩・毘沙門天王《びしゃもんてんのう》・持国天《じこくてん》王《のう》・十羅刹女《じゅうらせつにょ》等が現れて、それぞれに「陀羅尼」をもって『法華経』を保持する持経者《じきょうしゃ》を守護する誓願をあきらかにしているのです。

昭和に入ってからのことと思いますが、インド人の学者が、「もはやインドでは忘れ去られているサンスクリット語（梵語《ぼんご》）を、遥かなる日本の人びとが、今日も大切にしていることに感激する」と語ったことを最近、ふと目にしました。

日本の仏教諸寺院では、今日も「陀羅尼」を読誦しております。

「陀羅尼」とは「dhāraṇī」（ダーラニー）というサンスクリット語の音写で、仏教でもちいる呪文《じゅもん》の一種です。本来、修行者の心の散乱を防いで集中し、教法や教理を記憶し、保持するために用いられたもので、「総持《そうじ》」と漢訳されています。

まず薬王菩薩が登場し、ブッダに持経の功徳について尋ねます。ブッダは、

「もし、仏教を信奉する善男子・善女人がよく『法華経』の一句《いっく》なり一偈《いちげ》なりを、読誦《どくじゅ》し、解義《げぎ》し、説のごとく修行するならば、その功徳は甚《はなは》だ多いのだ！」

とお示しになられます。すると、薬王菩薩は「説法者に〝陀羅尼〟を与えて守護しましょう」とお答えし、ただちに「安爾（アニ）曼爾（マニ）摩禰（マネイ）摩摩禰（ママネイ）旨隷（シレイ）遮梨第（シャリテイ）賒咩（シヤミヤ）賒履多瑋（シャビタイ）羶帝（センテイ）目帝（モクテイ）目多履（モクタビ）沙履（シャビ）阿瑋沙履（アイシャビ）……」と「陀羅尼」（ダーラニー）を唱え、「もし、これを唱える法師を侵毀する（害をあたえる）ことがあるならば、その行為はただちに諸のブッダを侵し、害する行為そのものである」と申し上げるのです。

するとブッダは、薬王菩薩の「陀羅尼」の説法が「もろもろの衆生を利益し、救いを与えるところが多いであろう」とそれを称賛なされるのです。

次いで、同様に勇施菩薩が「陀羅尼」を説き、ブッダがそれを称賛なされます。

毘沙門天王・持国天王・十羅刹女の「陀羅尼」の説法

四天王は、古代インドの護世神でしたが、四方を護る仏教の護法神となったのです。

東方は持国天・南方は増長天《ぞうちょうてん》・西方は広目天《こうもくてん》・北方は多聞天《たもんてん》（毘沙門天《びしゃもんてん》）という配置です（奈良の東大寺をはじめとして、四天王が勧請《かんじょう》されています）。したがって、まずここに登場する毘沙門天王は北方を護持する天王です。次いで、持国天王は東方を護持する天王であります。

なんと言っても、北は陽光から遠く、不気味な感じがあるということなのでしょうか。毘沙門天王護世者は、「阿犂（アリ）那犂（ナリ）㝹那犂（トナリ）阿那盧（アナロ）那履（ナビ）拘那履（クナビ）」と言上し、「百由旬《ひゃくゆじゅん》の内にもろもろの衰患《すいげん》なからしむべし」と、周辺の七百キロメートル以内には、人を衰えさせ消耗させるさまざまな災いや患いを侵入させないように護法のお役に立つと念ずるのです。

つぎに持国天王が「阿伽禰（アキャネイ）伽禰（キャネイ）……」とその「陀羅尼」を言上し、「もしこの『法華経』を信奉する法師を侵し害するものがあったならば、それはとりもなおさず、諸のブッダを侵害するのと同じであるとして、かならず護持するものである」という誓いをあきらかにするのです。

さらに十羅刹女が登場します。「羅刹《らせつ》」とは神通力によって人を魅し、食らう恐ろしい悪鬼のこと。「羅刹女」は、女性の羅刹です。

「十羅刹女」は、十人のグループで、藍婆《らんば》・毘藍婆《びらんば》・曲歯《こくし》・華歯《けし》・黒歯《こくし》・多髪《たはつ》・無厭足《むえんぞく》・持瓔珞《じようらく》・皐諦《こうたい》・奪一切衆生精気《だついっさいしゅじょうしょうけ》です。

藍婆・毘藍婆は「結縛《けつばく》」「離縛《りばく》」といい、いましめの為に縄で縛り上げたり、それとは異なった手法でいましめるというイメージ。つぎに曲がった歯である乱杭歯であったり、黒い歯であったりという形相。また異様な多髪。決して満足しない欲望の主。貴金属類への限りなき欲望者。人を呼び付ける、諸人の精気を奪い取る。こうした妖気異形《ようきいぎょう》の鬼女たちが、心を改めて仏法に帰依《きえ》した姿であったのでしょう。

これら十羅刹女が、鬼子母神《きしもじん》と千人に及ぶその子供と一緒に「伊提履（イデイビ）伊提泯（イデイビン）伊提履（イデイビ）……」と「陀羅尼」を説き、また次のように述べるのです。

「もしわが呪《しゅ》にしたがわないで、『法華経』の説法者を悩まし乱すならばその者は頭が七分《しちぶん》にやぶれて（七つに裂《さ》けて）、さながら阿梨樹《ありじゅ》の枝（アルヂュカ樹の蕾《つぼみ》）のようになってしまうであろう」。

このように四天王から鬼形《きぎょう》の神霊までの、説法者への守護の誓いが、つぎつぎとあきらかにされたのです。

34 わが子に導かれる国王のおはなし

今回は『法華経』妙荘厳王本事品《みょうしょうごんのうほんじほん》第二十七に登場する妙荘厳王という国王とその王子とのおはなしです。

前回は「陀羅尼《だらに》」によって『法華経』信奉者が守護されるというおはなしでした。守護される・守られるということは、不思議な事象によってのみ、なされるわけではありません。

「ねずみの嫁入り」というおとぎばなしがあります。はるか遠くに良いはなしがあると思い込んで遠いところまで、あちらこちらと立派なお婿さんを探していたところ、実は近くに理想の人がいたというはなしです。

仏法に導かれるきっかけが、実は身近な自分の子どもに導かれることがあることを、この妙荘厳王のおはなしとして示されるのです。いわば、前回が「神呪《しんじゅ》による守護」であるのに対して、今回は「人の守護」があきらかにされると意義付けられているのです。

はるかに遠い遠い昔に、雲雷音宿王華智仏《うんらいおんしゅくおうけちぶつ》というブッダが、喜見《きけん》とよばれる時代に光明荘厳《こうみょうしょうごん》という国にお出ましでありました。王さまを妙荘厳王といい、その夫人は浄徳《じょうとく》でした。そして、二人の王子が居りました。

夫人は信仰心篤《あつ》く、その影響で浄蔵《じょうぞう》と浄眼《じょうげん》という二人の王子は仏道に帰依し、菩薩道《ぼさつどう》の修行を修めておりました。そこで二人の王子は、母にこのように申します。

「父の王に言って雲雷音宿王華智仏のもとに赴き、導きを受けるようにおはなししていただけませんか」。

すると母は「父の王はバラモンに帰依してその法にとらわれてしまっているから無理ですよ」というのです。

二人の王子は、「私たちは法王の子となりました。とはいえ、もともとはそうでない邪見《じゃけん》の家に生まれましたので、父にも仏法に帰依して頂きたいのです」と母に申します。

すると母は、「そのように父のことを思うのであれば、父の前で「神変《じんぺん》」を現しなさい。それを見れば、心がきっと清浄になるでしょう」と答えます。こうして、二人の王子はターラ樹の七倍もの高い所にとどまり、さまざまな「神変」を現すのです（ターラ樹は、ヤシ科の常緑樹で、二十メートルにもなる樹ということです。日本のインド料理店にもその名が掲げられています）。「神変」とは、不思議な現象とでも言ったらよいでしょうか。虚空《こくう》（空中）で歩いたり・安住したり・安坐したり・横になったり、身体の上から火を出し・下から水を出したかと思うと、逆に上から水を・下から火をなどというように不思議な光景をつぎつぎと現します。

その不思議な光景を見て、国王も心を動かします。感嘆のあまり「不思議だ！　君たちの師匠はどなたなのかね？」と聞きます。そこで二人の王子は「雲雷音宿王華智仏が七宝《しっぽう》に彩られた菩提樹《ぼだいじゅ》の下の法座《ほうざ》においでで、そこで『法華経』をお説きになっていらっしゃいます」と答えます。こうして国王は、二人の王子の師である雲雷音宿王華智仏のもとにおもむくこととなったのです。

遥かなる求道の過去という背景に生きる仏道修行者たち

さらに二人の王子は、父が仏道に帰依する心を起こしたのを機に、出家して沙門《しゃもん》となり仏道修行に生きようと決意します。そのことについて、母に許しを求めます。母は、「汝が出家を許す。なぜならブッダには遇いたてまつることがなかなか出来ないからである」と語るのです。二人の王子は、心から両親に感謝して申します。

「ブッダには値遇することがむずかしい。さながら一眼《いちげん》の亀が浮木《うきぎ》の孔《あな》に遇《あ》うことができるようなものである」。

片目しかない亀が海の上に浮かぶ木の孔のなかに入って安住することができるように、なかなかそのようなチャンスは得難い状態であるのだ！　今、そのブッダに出会うことができたのだ、という喜びを表明するのです。

この衝撃的な光景に刺激されて、妙荘厳王の後宮《こうきゅう》（宮殿）の五千人の侍女《じじょ》たちが、皆、『法華経』を信奉することとなり、浄眼菩薩は法華三昧《ほっけざんまい》に沈潜し、浄蔵菩薩は「すべての悪を離脱する三昧」を体得し、母の国王夫人は諸仏の秘密の蔵に通暁《つうぎょう》しました。

雲雷音宿王華智仏は妙荘厳王の為に「法」を説き明かし、「法を教え・励まし・楽しませ・喜ばせ」たのでした。そうした内容を「示教利喜《じきょうりき》」という言葉であきらかにしたのです。

示・教・利・喜とは、法華経の教えに導き（教え）、励まし、楽しませ、喜ばすことです。

その教えを頂いて、王はおおいなる悦びを得ました。そして夫人とともに頸《くび》の真珠や瓔珞《ようらく》（珠玉や貴金属を糸で編んで、頭や首や胸に飾る装身具）などを、ブッダの上に降らせたのです。このように国王はブッダ雲雷音宿王華智仏を讃《たた》えます。するとブッダは国王の二人の王子が、諸仏を供養し、諸仏の御許《みもと》で『法華経』をよこしまな心に乱される衆生を憐れんで、正しい境地に誘うことをあきらかにします。

そしてさらに、妙荘厳王は実は華徳《けとく》菩薩の前身であり、二人の王子は薬王《やくおう》菩薩・薬上《やくじょう》菩薩の修行時代のお姿であることをあきらかにするのです。

読者の皆さんは、国王が国の政事《まつりごと》を簡単に放棄してよいものだろうか？　などなど、おおいにこのおはなしに疑問を感じるのではないでしょうか。

西欧の識者のなかには「古代インド人は、道を求める天才である」という意味のことを語った方が居るといいます。生きるということの根本を求める文化があるのです。二十一世紀のインドにも人里離れて全ての煩悩を断ち切ることを求める修行者がいるのです。私たちには想像を絶する道の求め方です。

とはいえ、私たちの周囲にも世俗の栄華だけで満足できずに、仏道を求める方々が居られます。

真剣に人生に立ち向かって「人は何を求めて生きるのか」という深い心の問い掛けの「高貴な心」に生きる姿が、凡庸な私たちにも迫ってくることがあるのです。

35

普賢《ふげん》菩薩が白象に乗って守護を説き明かす

『法華経』のおはなしも、ようやく最後の普賢菩薩勧発品《ふげんぼさつかんぼっぽん》第二十八にたどりつきました。

普賢《ふげん》菩薩は文殊師利《もんじゅしり》菩薩とともに『大乗仏典』において、釈迦如来の脇侍《きょうじ》として、いつも付き従っております。それは、両菩薩がブッダ＝釈尊の次に仏道を成就するとされることを意味しています。つまり、それまでの一生の間は迷いの世界にしばられるのですが、次の世で釈迦如来の導きを代行する「補処《ふしょ》の菩薩」の役割を果たすとされているためです。

普賢菩薩の彫像は諸寺院をはじめ、いろいろな博物館でお会いしていると思います。そのように皆さんとも親しい存在です。だからこそ、福井県敦賀市の原子力発電所に「もんじゅ」「ふげん」の名がつけられ、原発ゆえに人びとから反発を受けたことがありました。

その普賢菩薩が、『法華経』では六本の象牙を持つ白い象に乗って現れるというのです。象、殊に「白い象」は尊重される乗り物とされているのですが、しかも象牙が六本もあるすばらしい白象に乗って現れるとして敬意を持たれているのです。

ブッダは、末の世に『法華経』の教えを信じる者が受ける功徳をあきらかにします。それに応《こた》えて、普賢菩薩は、次のように普賢菩薩ご自身が『法華経』受持者を守護することを誓うのです。

「後《のち》の五百歳《ごひゃくさい》、濁悪世《じょくあくせ》のなかで『法華経』を一心に信奉する者があれば、たとえ、魔や魔子や魔女や魔民、そして夜叉《やしゃ》や羅刹《らせつ》などの鬼が、その人の身に妨害を加えようとしたとしても、われ（普賢菩薩）はかならずその人を守護する、と約束するのです。それは、すべて『法華経』を供養するためであるから……」。

さらに、

「この法華経を信奉し、読誦《どくじゅ》し、書写《しょしゃ》し、修習《しゅじゅう》しようとするならば、三週間の間、精神を集中して一心に精進しなさい」。

「そうして三週間が円満に成就した暁には普賢菩薩が六本の象牙をもつ白い象に乗り、数多くのもろもろの菩薩と一緒にその身を現して〝法を教え・励まし・楽しませ・喜ばせ〟よう」。

と、述べるのです。

「法を教え・励まし・楽しませ・喜ばせ」を漢文のお経においては、「示《じ》・教《きょう》・利《り》・喜《き》」と申しております。

そしてさらに、これらの修行を志す人びとに「陀羅尼神呪《だらにじんしゅ》」を与えようと言うのです。

こうして普賢菩薩の陀羅尼神呪が、あきらかにされます。

「阿《あ》檀地《たんだい》　檀陀婆地《たんだはち》　檀陀婆帝《たんだはてい》　檀陀鳩賖隷《たんだくしゃれい》　檀陀修陀隷《たんだしゅだれい》　修陀隷《しゅだれい》　修陀羅婆底《しゅだらはち》　仏駄《ぼだ》波《は》羶禰《せんねい》　薩婆陀羅尼阿婆多尼《さるばだらにあばたに》……」。

普賢菩薩の陀羅尼神呪によってその神通力を受けること

「陀羅尼神呪」は、サンスクリット語（梵語《ぼんご》）を、そのまま、古代中国語の音韻《おんいん》にうつしたものです。いわば「秘密の言葉」ですから、それがどのような意味を持つものであるかについては、さまざまな解釈が生まれているそうです。

ともかく、難しい漢字そのものを掲げましたので、さらに難解そのもので申し訳なく存じますので、とりあえず音韻を書き写しますと、以下のようなことになります。

「アタンダイ　タンダハチ　タンダハテイ　タンダクシャレイ　タンダシュダレイ　シュダレイ　シュダラハチ　ボダハセンネイ　サルバダラニアバタニ　サルババシャアバタニ　シュアバタニ……（以下略）」。

前にも申しましたが「ダーラニー」（陀羅尼）は「総持《そうじ》」と漢訳されます。仏教を体得するには「智目行足《ちもくぎょうそく》」（目で見、足で行く）といって、仏教哲学を探究すると同時に、厳しい修行によってその境地を体得することが重要とされます。しかしながらその境地を求めるには、誰でもが共有できる目標が大切です。それを全体的に感じ取るのが「ダーラニー」というものであったのでしょう。
さらにはブッダは示されます。

「普賢菩薩よ！　この『法華経』を受持《じゅじ》し読誦《どくじゅ》し、正しく思いを凝《こ》らし、修行し、書写《しょしゃ》する者があるならば、その人はすなわち、釈迦牟尼仏の御姿にお会いして、ブッダの御口から教えを頂くこととなろう！」。

『法華経』説法の会座《えざ》につらなりブッダのお説法に全身全霊を傾けていた仏道修行者たちは、つぎつぎと展開する情景のなかで、しかも順次に深い境地をお説きくださるブッダのお言葉に圧倒されてきました。

そして、『法華経』のお説法を結ぶ、この普賢菩薩勧発品の場面で、またまた普賢菩薩が「陀羅尼」を発する情景に圧倒されたのです。

この普賢菩薩勧発品が説かれたとき、数量計算を超越した無量無辺の菩薩が、百千万億陀羅尼を得、三千大千世界微塵等のもろもろの菩薩が、普賢菩薩の道を体得した、と説かれております。

そうして、ブッダの『法華経』のお説法が結ばれると、十方の法界からお出でになって、『法華経』を聴聞されていた、すべての仏道修行者、その縁につらなる方々が「ブッダの御教示の語」を受持し、礼拝して、それぞれの本土に向かわれたのでした。

さて『華厳経《けごんきょう》』では善財童子《ぜんざいどうじ》が五十余人の善知識《ぜんちしき》を訪問した後に、普賢菩薩のもとで求道《ぐどう》を全うしたと説かれます。

また、わが国の謡曲「江口《えぐち》」に西行法師が夕暮に普賢菩薩のお姿に出会うという有名な場面があります。

江戸時代の北斎《ほくさい》は熱心な法華信者だったと伝えられ、人に遇《あ》うのを避けた北斎はいつも普賢菩薩の陀羅尼神呪「阿檀地《あたんだい》……」を唱えていたといいます（なお、この「陀羅尼神呪」については、岩波文庫『法華経』下巻三八四頁に解説されています）。

36 『法華経』は、菩薩道に生きる教えを説く経典

『法華経』序品第一から普賢菩薩勧発品《ふげんぼさつかんぼっぽん》第二十八まで、その概要をおはなししてまいりましたが、今回、三十六話をもって結びとなりました。

宗教の聖典というものに共通しての事かも知れませんが、仏典には素晴らしい言葉が満ちあふれております。

有名なコピーライターの教室で学んだ青年が、ある一流企業の広告部に就職したという話を聞きました。彼は、『法華経』は最初から最後まで素晴らしい言葉でつづられていると語ったそうです。一偈《いちげ》・一句《いっく》が素晴らしい言葉の連続なのです。彼は部内で月間グランプリを受賞したそうですが、それは実は『法華経』のなかでも、特に著名な句を写し取ったものだったということです。

またかつて、看護学の教授として大活躍をしている坂田三允《みよし》さんが『天使の病理』とい

う本を岩波書店から刊行されましたが、その「あとがき」に、いつも『法華経』如来寿量品第十六の「我此土安穏《がしどあんのん》」（わが此の土は安穏にして）という言葉が心のささえになっていることが記されておりました。

さて「木を見て森を見ず」という格言がありますが、素晴らしい言葉の一つひとつに感激するものの、ふりかえって『法華経』全体がわたしたちを導いてくれるものは何か？ということを確かめようとすると、するりとわたしたちの掌中から答えが逃げていってしまう感じを受けます。

「果して『法華経』はどのような導きを示すのか？」という質問を頂くとしたならば、私はこのように答えます。

「『法華経』は徹底して菩薩道の奥義《おうぎ》をお説きになっている経典です」と。

禅《ぜん》仏教は「己事究明《こじきゅうめい》」を標榜します。すなわち、『般若心経《はんにゃしんぎょう》』などを核にして広く諸経を学ぶとともに「ほんとうの自己とは、いかなる存在であるか？」ということを問い続けると聞いております。

平々凡々たる生活をしているならば「自己とはなにものか？」などと考えることには至

らないでしょうが、それをぎりぎりと問い続けるのです。

人は、ひとたび天下国家の全容を展望してその在り方を考えたり、あるいは一芸を究めていくと、自己という存在がわからなくなってしまうようです。そのとき、禅仏教の伝統とする「己事究明」ということがあらためて認識されるのでしょう。

仏教はもともと、「縁起の理法」の究明というところから出発しています。

究極の「法」（仏教でいう「ダルマ」）を求めていく天才的な高僧の内面の究明は非常に立派なことです。しかしまた反面では、個の内面の究明は、同時に多くの人びととの共存のレベルでとらえなおされねばなりません。

ブッダの教えはそうしたところから「菩薩」の生き方を示し「菩薩道」を説きます。「菩薩」とは、ひとことで言えば「上《かみ》に菩提《ぼだい》を求め、下《しも》に衆生を（教《きょう》）化《け》する」という仏道修行のありかたです。

「妙法」「蓮華」の示す意義

『法華経』はくわしくいえば、『妙法蓮華経《みょうほうれんげきょう》』です。『妙法』とは「ブッダが到達なさった素晴らしい（仏法）の境地」。それが『蓮華』によって象徴されるという意味です。「蓮華」は汚泥《おでい》（汚水）のなかにその根をおろして、しかも素晴らしく見事な蓮華の華を咲かせます。しかも、他の多くの果実を実らす草木と異なって、華が咲いたときには既に実を付けているという特色を持ちます。

蓮《はす》は「はちす」ともよばれます。花托が「蜂の巣」のようであるところから、そのようによばれるのでしょうか。蓮華の華が咲いたとき、同時に花托のなかに実をみのらせているのです。

仏道修行は、たしかに遥かなる道です。ときどき思うのですが、ブッダの悠久の導きは、せっかちなわれわれ日本人には到底理解しきれるものではないのであるまいか？　と。ともあれブッダは『法華経』において、仏道修行者はどのような経過をたどっているようにに見えても、もともと、「菩薩道」を歩むという誓願から出発しているのだ！　と仰せになっているのです。

『法華経』前半では、その基本的な意義を解き明かし、すべての仏道修行者はもともと菩薩の道を歩んでいることを解明し、法師《ほっし》として多くの人びとととともに仏道を伝える道が順次示されていきます。

そうした段階を集約して、霊鷲山《りょうじゅせん》の浄土《じょうど》は久遠《くおん》のブッダが永遠に『法華経』を説き続ける聖地である意義をあきらかにします。そこに大地が裂けてそこから出現したのが上行《じょうぎょう》・無辺行《むへんぎょう》・浄行《じょうぎょう》・安立行《あんりゅうぎょう》の四大菩薩を首導《しゅどう》とするガンジス河の沙《すな》の六万倍もの多数を数える地涌《じゆ》の菩薩です。

これらは久遠ブッダのお弟子で、それまでは秘されていた菩薩が劇的な出現をなさった光景です。

この上行菩薩を代表とする地涌の菩薩は、久遠のブッダが入滅後久しい末法の世の衆生を導き続けていると解き明かします。藤原俊成もその情景を「長秋詠藻」に詠んでおります。

末《すえ》の世《よ》は雲の遥《はる》かにへだつとも
　照らさざらめや山の端《は》の月
　　藤原俊成（長秋詠藻）

さらに常不軽菩薩品《じょうふきょうぼさつぼん》第二十以降では、想像を絶する永い永い間、菩薩の願行をつとめられた諸菩薩の姿があきらかにされます。

観世音菩薩《かんぜおんぼさつ》は有名ですが、薬王《やくおう》菩薩・妙音《みょうおん》菩薩・勇施《ゆうぜ》菩薩・普賢《ふげん》菩薩などの事績が示されます。

こうして菩薩道の思想、その救いや事績が余すところなく説かれているのです。

あとがき

本書は、平成十七年四月から、平成二十一年三月に至る間、(財)「仏教振興財団」発行の月刊誌『心の糧』に連載したものに加筆したもので、当時の編集長・本間皓司師の慫慂により綴った内容である。「仏教振興財団」は、昭和五十二年設立当初、安田生命社長だった竹村吉右衛門を理事長として設立され、氏の熱烈な仏教信仰により意欲的な活動が展開され、月刊誌『心の糧』も連続発行された。が、時勢のおもむくところ、組織変更にともない、同財団は解散された(ちなみに、竹村氏は比叡山延暦寺最高顧問、浅草寺筆頭総代を務めた)。このたび、佼成出版社の黒神直也氏が、かねてからの筆者の願いを知って、上梓されることとなった次第である。なお、本間皓司師(日恩上人)は、現在、日蓮聖人「龍口法難」の霊跡「龍口寺」貫首の職にある。もともと一般向きにということから出発したので、執筆時の話題などが投影している。読者諸賢におかれては、この点、ご海容を願うところである。

筆者は、ＮＨＫ文化センターでの講話を経て、昭和六十一年九月より半年間、二十七回にわたって「ＮＨＫこころを読む　法華経」のラジオ放送を担当。平成十五年四月から一年間（十二回）、毎月ＮＨＫテレビで、ＮＨＫこころの時代『ブッダ　永遠のいのちを説く』を担当する機会を与えられた。実はラジオ放送担当時のテキスト作成には、立正大学学長の職にあったため、日蓮宗大本山「池上　本門寺」発行の月刊誌『池上』誌の連載をもとに、庵谷行亨・北川前肇両助教授に補筆を請い、また故・糸久宝賢講師の編集協力を得たのであった。テレビ放送時のテキストは上下二冊にわたり、これらテキストは、ＮＨＫライブラリーとして公刊された。さらに近年、『池上』誌の連載を山喜房仏書林から上梓した。

『法華経』は、聖徳太子（五七四～六二二）によって『法華義疏』が講説され、光明皇后（七〇一～七六〇）の国分尼寺に奉安され、伝教大師最澄（七六六～八二二）が日本天台宗の根幹とされた経典である。平安貴族はこぞって『法華経』を鑽仰し、道元禅師（一二〇〇～一二五三）・日蓮聖人（一二二二～一二六二）等に尊崇された。大正五年には島地大等編『漢和対照妙法蓮華経』（明治書院）、大正十三年には『真訓両読妙法蓮華経』（平楽寺書店）、昭和三十七年には坂本幸男・岩本裕編『法華経』（上中下、岩波文庫）などが発行された。また江南文三（詩人・歌人）の『日本語の法華経』（大蔵出版）をはじめ、近年も多くの『法華経』解説書が刊行されたことを付記する。

令和元年　初夏

渡邊寶陽

渡邊寶陽（わたなべ　ほうよう）

昭和８年（1933）東京生れ。立正大学元学長、立正大学特別栄誉教授、文学博士。『日蓮宗信行論の研究』（平楽寺書店）、『法華経・久遠の救い』（ＮＨＫ出版）、『仏教を生きる　われら仏の子　法華経』（中央公論新社）、『日蓮仏教論―その基調をなすもの』（春秋社）、『宮澤賢治と法華経宇宙』（大法輪閣）などの著書がある。

『法華経』のはなし――久遠の思想と菩薩への道

2019年7月15日　初版第1刷発行

著　者　渡邊寶陽
発行者　水野博文
発行所　株式会社佼成出版社
〒166-8535　東京都杉並区和田2-7-1
電話（03）5385-2317（編集）
（03）5385-2323（販売）
URL　https://www.kosei-shuppan.co.jp/

印刷所　錦明印刷株式会社
製本所　株式会社若林製本工場

◎落丁本・乱丁本はお取り替えいたします。

ISBN978-4-333-02810-8　C0015

日本音楽著作権協会（出）許諾第1905469-901号